纸上耕耘　润泽心田

故乡始终是蕴藏在心底里的记忆……

山西晋中大寨古村

山西晋中喜村

山西吕梁工农庄古村

山西晋中横坡古村

山西晋城石淙头古村

湖北老河口光化古镇

湖北孝感双桥古镇

湖北襄阳漫云古村

湖北利川纳水溪古村

湖北荆州周老嘴古镇

湖北恩施小溪古村

湖北荆州程集古镇

湖南临湘聂市古镇

湖北赤壁羊楼洞古镇

湖南湘西边城古镇

湖南怀化明中古村

湖南武冈浪石古村

湖南株洲茶陵古城

湖南永州赵家井村

山东龙口西河阳古村

山东招远高家庄子古村

山东招远徐家古村

山东济宁独山岛古村

山东济宁南阳古镇

上海浦东川沙堡城

上海浦东陈桥古村

上海浦东周浦古镇

上海浦东沈庄古镇

上海闵行杜行古镇

上海浦东坦直古镇

上海浦东大团古镇

江西上饶长溪古村

江西南昌梓源古村

江西抚州竹桥古村

江西贵溪曾家古村

江西抚州浒湾古镇

江西吉安湖洲古村

江西吉安何君古村

江西省抚州流坑古村

福建宁德楼坪古村

福建宁德常源古村

福建宁德双溪古镇

福建宁德棠口古村

福建宁德竹江古村

福建宁德厦地古村

福建宁德漈下古村

福建南安丰州古镇

福建漳州云水谣古镇

福建石狮永宁古镇

福建漳州九峰古镇

p384

p360
p352
p368

p376

p158
p150
p186
p207
p170
p164
p197
p272
p176
p288

p262

p296
p304

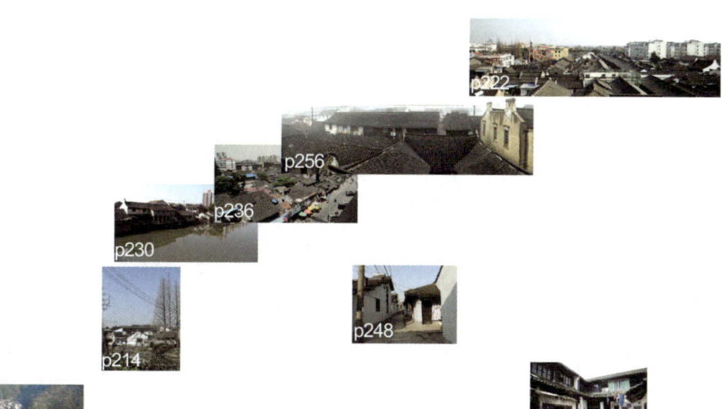

p112

p56

p16

p10

阮仪三　主编

遗珠拾粹

中国古城古镇古村踏察

中国出版集团
東方出版中心

序言

石楠

1978年10月，我第一次独自远离家乡江苏如皋，一个普普通通的县城，进入南京大学，读的是城市与区域规划专业。告别小县城进入省会，觉得眼花缭乱。毕业后我被分配到北京工作，更是折服于京城的辉煌壮阔。后来我到国外留学，在世界各地考察，领略海外风情，惊叹于多元文化的绚丽多彩。一次有一位记者采访，问我最喜欢什么城市，我居然脱口而出："小城市。"心中泛起对故乡的怀念。

如皋也算是历史名城，设县治已有1600年历史，江尾海隅的区位，交通其实并不很便利，文化上处于南北交融地带，留下不少独特的遗产，比如，已故园林学家陈从周先生赞誉为"私园中别具一格"的水绘园，还有全国罕见的山门朝北开的千年古刹定慧寺，以及形如古钱的双环护城河格局，丁字街端头的钟楼等。记得小时候我每天踩着有些湿滑的石板路，穿过窄窄的街巷，到学校上课。放学后我和一帮好伙伴钻到水绘园公园，再翻过城墙，嬉戏于造纸厂的一排排草垛里……故乡始终是蕴藏在心底里的记忆。我曾经在工作后趁着春节探亲的机会，拍了一些老街古巷的照片，可惜这些街巷后来

都被陆续拆除。只有双城河的格局依然保存着，水绘园得以重修，并且列入全国文物保护单位。

说起来，我对于小城市的偏爱，不只是源于对故乡的依恋，还在于大学及工作中接触到的历史文化遗产知识。我渐渐理解了，有价值的岂止于皇城的昔日辉煌，还有那些历史文化名城、名镇、名村。一座普普通通的小镇，可能就是一段历史的缩影，不经意间会泄露出历史的密码。甚至不只蕴涵于城市，而在广袤的土地上，在那些鲜为人知的集镇和村落里，完好地保存了中华文明的历史基因。

历史文化犹如一条流淌的河，每个人其实都浸淫于这长河里，大家都在不断地汲取养分。只是有人为此添砖加瓦，有人数典忘祖，干着荒唐的事情。早在出生那天，我们的身体就已经烙上了历史文化的印记，我们血脉中流淌着的，是千年积淀的东方传统。我们可以有一百条现实的理由，要拆除那些没有列入保护范围，甚至没有进入专业人员视野的遗产，但我们却只有一条理由即必须对文化遗产负责：那是我们的根。

感谢阮仪三教授，还有他的团队，以及好些素昧平生的规划师、建筑师、研究生，他们做了一件功德无量的事，真实地记录了一处处古城、古镇、古村。这些古城古镇古村，有些已经列入保护名单，有些还“深藏闺中”。阮教授和他的团队辛勤地挖掘，认真地踏勘，收集第一手资料，把这些瑰宝记载下来，让更多的人认识到它们的价值，进而推动它们妥善地保留下来。

记得若干年前的一天阮教授找到我，谈起他手里有一些古城古镇古村的调研资料积累，很宝贵的材料，别的杂志不愿意发表，他希望通过《城市规划》杂志与大家分享。

作为一份学术期刊，发表这些具有学术价值的调研成果，是一份责任。但在当下对一个没有任何财政补贴的刊物，靠自己的发行和广告收入来支撑这类很明显不具备市场效应的内容，的确是一种冒险。但最终，我们还是为这些调研内容和它背后的精神所打动。这些参与调查的大学老师、学生，何尝不是在作奉献？

于是，我们双方商定，以“遗珠拾粹”为栏目名称，由阮仪三教授主持，指导大家收集资料并整理调查报告，由中国城市规划学会的会刊《城市规划》杂志每期无偿提供两个彩色页面予以刊登，也算是对这项成果的支持。杂志的编辑和参与调研的人员密切配合，字斟句酌，仔细比选，采取图片为主、文字为辅的形式，立足文化遗产保护，重在真实记录。

就这样每月一期，于 2012 年 7 月连续发表了 100 期。这期间，国家颁布了《城乡规划法》《历史文化名城名镇名村保护条例》等重要法规，社会上对历史文化遗产的保护意识得到很大加强。有一些我们杂志上介绍过的城镇，已经被列为名城、名镇，这是我们共同坚持不懈的成果。承蒙东方出版中心慧眼，将这些调研成果经整合后分为两卷结集，于 2013 年 4 月出版了《遗珠拾粹——中国古城古镇古村踏察（一）》和《遗珠拾粹——中国古城古镇古村踏察（二）》，出版后在业界引起了良好的反响。

时隔七年，现在我们已连续发表了 200 期，东方出版中心将 101 ～ 200 期的内容精心整理、用心编辑、精美设计，予以出版，共同铸就了《遗珠拾粹——中国古城古镇古村踏察（三）》和《遗珠拾粹——中国古城古镇古村踏察（四）》。这七年间，国家加大了遗产保护的力度，尊重、珍惜历史文化逐渐成为大家的共识，特别是伴随着全面建成小康社会，人们的需求发生了变化，越来越多的人愿意去欣赏、体验这些古城古镇古村，并参与到其保护和传承工作中去。

阮先生嘱咐我为这套书写序，我一不敢班门弄斧，二不敢违抗师命，于是，记载下这段简短历史，作为回顾；也借此希望大家能够真正地重视这些古城古镇古村，珍惜中华民族的历史文化遗产，在快速发展的工业化、现代化和全球化步伐中，稍稍放慢自己的脚步，心怀敬意地体会一下古城古镇古村给我们带来的宁静和尊严。

愿造物主遗落在神州大地上的这些珍珠，持久地发出璀璨的光芒！

（作者为中国城市规划学会常务副理事长兼秘书长，《城市规划》杂志执行主编，教授级高级城市规划师）

目录

前言 6
福建石狮永宁古镇 11
福建南安丰州古镇 17
福建宁德双溪古镇 25
福建漳州九峰古镇 35
福建漳州云水谣古镇 43
福建宁德常源古村 51
福建宁德漈下古村 57
福建宁德厦地古村 63
福建宁德棠口古村 69
福建宁德竹江古村 75
福建宁德楼坪古村 83
江西抚州浒湾古镇 89
江西抚州流坑古村 97
江西抚州竹桥古村 107
江西南昌梓源古村 113

江西上饶长溪古村 119
江西吉安湖洲古村 127
江西吉安何君古村 135
江西贵溪曾家古村 143
湖北孝感双桥古镇 151
湖北老河口光化古镇 159
湖北荆州程集古镇 165
湖北荆州周老嘴古镇 171
湖北赤壁羊楼洞古镇 177
湖北襄阳漫云古村 187
湖北恩施小溪古村 195
湖北利川纳水溪古村 205
上海闵行杜行古镇 215
上海浦东川沙堡城 223
上海浦东沈庄古镇 231

上海浦东周浦古镇 237

上海浦东大团古镇 243

上海浦东坦直古镇 249

上海浦东陈桥古村 257

湖南株洲茶陵古城 263

湖南湘西边城古镇 273

湖南临湘聂市古镇 279

湖南怀化明中古村 289

湖南武冈浪石古村 297

湖南永州赵家井古村 305

山东济宁南阳古镇 311

山东济宁独山岛古村 319

山东龙口西河阳古村 327

山东招远徐家古村 335

山东招远高家庄子古村 343

山西晋中喜村 353

山西晋中大寨古村 361

山西晋中横坡古村 369

山西晋城石淙头古村 377

山西吕梁工农庄古村 385

前言

阮仪三

《遗珠拾粹——中国古城古镇古村踏察（一）》和《遗珠拾粹——中国古城古镇古村踏察(二)》在《城市规划》杂志石楠主编的支持下于2013年出版，这是我带领弟子们调研的中国100个古城古镇古村而形成的调研合集。现在7年过去了，又积累了第二批100个古城古镇古村调研，现将其集中再汇编成《遗珠拾粹——中国古城古镇古村踏察（三）》和《遗珠拾粹——中国古城古镇古村踏察（四）》予以出版。需要说明的是，收入这两本书中的古城古镇古村基本按照区域分类，并对原文略作调整。因调研时间跨度较大，调研报告中相同作者的学校、单位、职务等相关信息会有所变动。另外，调研对象的现状可能有所变化。书中所署调研者的身份和调研主体状况均系调研时。

这些古城古镇古村的调研，我常称之为“踏察”，我们的踏察不是走马看花地拍几张照片。我们是从保护历史文化遗产的角度出发，脚踏实地调查，实事求是地写出报告，并且和当地政府取得联系，这样才能切实地取得第一手资料，反馈也才能取得实

效。这些都是珍贵的历史文化遗产，而且我们找到的，往往又是富有特色的城、镇、村，我们通过敏锐的洞察力和专业技能把它们的特色写出来、把它们的现状拍出来，让没有去过的人也能了解。除了拍摄真实的场景照片，我们还找当地老乡们交谈以核证史实，返沪后还需查阅有关文献资料，在当地也要找规划城建部门收集有关地形图、城镇平面图，有了这些资料，这份图文并茂的调查报告才有根有据。

对于这些调研，我制订了统一的要求，调研内容包括：古城古镇古村基本概况，地理区位、行政归属、主要特点和突出风貌描述；自然地理环境与选址；建制沿革与发展简史；社会与经济发展概况；古城古镇古村的形成和在发展中的地位；总体格局与街巷体系；居住建筑、公共建筑与其他古迹分布及特点；公共空间节点（如桥梁、广场、河边、城楼等），有特色的景观和重要遗址；文化特征与民俗风情，如地方文化传统，重要民俗节庆仪式，历史名人轶事，居民日常生活状况，传统服饰与风味饮食，宗教信仰，地方文化或曲艺等。最后对古城古镇古村现状特征与保护价值作出评定，并提出保护策略与发展建议。

调查工作通常分两部分进行：

现场实地踏勘（10 ～ 15 天）收集第一手资料；返回后进行业内工作，包括文献查阅、资料分析、图片整理与绘制成果汇总。

调查成果主要内容每份都由我仔细修改后成为“遗珠拾粹”专栏稿件，

其基础资料存档；同时成果还提供给各省市县级地方政府，为地方城市历史遗产保护与开发管理提供依据。我们调研的许多古城古镇古村及历史街区，其中多个经过和他们协同申报而成为国家级的名城、名镇、名村和历史街区，对它们的保护也就有了一定的保障。

经过这些年“遗珠拾粹”栏目的连载，已使众多的古城古镇古村和历史街区扬名于越来越多的社会群体间，也使这些原本平静的地方吸引了越来越多的学者、游客和开发商。或许，我们的呼喊可以使这些美丽的地方免于遭受推土机的毁灭，但如何使这样美丽的地方依然留存古朴而和谐的生活，是我们继续奋斗的方向。

这些年来城镇化的速度突飞猛进，很多地方大片开发房地产，城市土地紧张，拆旧房、毁老城的情况就特别严重。因为已经有国家级的历史文化名城、名镇、名村，有人认为不在名单内就用不着保护了，于是就出现了野蛮拆迁的情况。有的城镇对保护历史建筑的意义和方法不了解，就采取了简单的拆旧建新的方式；有的地方政府找了一些不懂古城保护的设计单位，设计建造了许多假古董的建筑，却拆掉了成片有价值的历史建筑；有的地方政府缺少对历史文化遗产保护的正确理念，分不清保护的基本原则与方针，热衷于城市表面的光鲜亮丽，而不知道历史文化遗产的价值所在，这些年来多处冒出来的假古董，就是佐证。许多地方拆了真古董造假古董的做法更是层出不穷，所以我们的调研活动，并不只是进行学术研究的调查、测绘和收集材料，更重要的是在地区间交流保护方法与经验，因地制宜地为各地方提出保护管理的建议措施，并长期关注这些地区的发展建设活动，防止多元的历史文化遗存在不经意间被损毁。

回过头来看本书中提及的古城、古镇、古村都洋溢出一片古朴的气息，有着质朴而真实的风貌。它们依山傍水，茂林修竹，村口有风水树，背靠祖山，绿水青山，街衢通达，老房子、老院子、老树、古井、石蹬……呈现出一派宁静、祥和的景致。现在人们经常说的“乡愁”，就是人们追寻过去生活的痕迹和对消逝了的场景的怀念。这乡愁就是一种思乡之情，那些假古董是激不起思乡之情的，我们现在对这些古城古镇古村做的保护规划，就是为人们保护历史文化遗产。这些古城古镇古村都是由于当地人民的爱护，才会在这些年来旧城改造中得以留存，它们的完整留存就使后人能够了解过去的历史风貌，能够追溯往昔的生活场景，比如古老的社会形态、传统的风水格局、家族及家庭的亲情伦理，以及古人择址时的“相土尝水、象天法地”的理念与山水和谐相处的天人合一的环境。

现在，参与调研的人多了，调研报告多了就有挑选的余地，所以选中的标准也相应地提高，有的作者写几篇也没有被录用，大多是选材问题，换一个再来，有的每投必中，那是有经验了，选材和文笔都好，我要给这些弟子点赞，他们是赵逵、张杰、袁菲和葛亮。袁菲、葛亮帮我组织每年的假期调研并亲自踏察；汪娴婷帮我整理稿件供我审阅，我是每篇必看、每图必审；《城市规划》编辑部一直保持业界高水准，这就保证了书稿的质量。最后我要感谢《城市规划》编辑部李林、王文彤、庄淑亭、潘斌等编辑以及本书的责任编辑戴欣倍、美编钟颖等人的辛苦付出。

习主席曾说过“绿水青山就是金山银山”“要像爱惜自己的生命一样保护好文化遗产”，这些话已逐步深入人心。中国地方大得很，我们要多跑些地方，积累更多的材料，切实做好保护工作，让更多的读者能够了解到这些尚不太为人知晓的中国历史文化遗产。

永宁老街

福建石狮永宁古镇

1. 概况

永宁古镇位于福建省石狮市域东南部，是著名滨海侨乡，东临台湾海峡，西倚宝盖山，南与深沪镇隔海相望，与晋江市龙湖镇紧靠，北与蚶江镇、锦尚镇接壤，三面环海。

永宁古镇历史悠久，古称“水沃”，唐时称“高亭”，宋时称“凉恩亭”。南宋乾道八年（1172年），为防外患，在此建水澳寨，称“永宁寨”，寓意永得安宁。明洪武二十年（1387年），为抵御倭寇，在此设立卫城，以作泉南屏障，称“永宁卫”，下辖福全、崇武、中左（厦门）、金门、高浦5所及祥芝、深沪、围头3个巡检司。明代永宁古卫城有五大姓，即章、袁、吴、郭、郑，为五族，后随着古卫城的发展，逐步成为“百家姓”，姓氏达到50多个，其中至今保存家谱的达27个姓氏。新中国成立后，永宁镇隶属晋江县。1989年石狮市成立，即划归石狮市管辖。

文庙

莺山临水夫人庙

2. 古镇布局

永宁作为卫城，具有 600 多年的历史，至今仍保留着非常完整的明清古街道，整个古卫城呈现八卦的格局，状如鳌鱼卧滩，故又有“鳌城”之雅称。两条贯穿东西南北的十字形街巷将整个古城划分为四大块，两街相交于中开坊，中开坊为整个永宁城的中心点。整个古卫城散布着 32 铺境（铺境制度是“明清时期闽南地区的泉州府实行的一套完整的城市社会空间区位分类体系”）。“铺”是一种行政空间单位，每铺又分为若干个“境”，形成铺境体系，每个境都有一定的地域范围，包括若干街巷，境内居民一般共同建造庙宇，俗称“境庙”，奉祀一个或若干个特定的神明作为保护神。“铺境”作为较大城镇的行政管理划分，其职责是管理户籍、征调赋税、传递政令、敦促农商，并向地方政府提供一定信息，以资行政，铺境内有各自的保护神庙。古卫城内街巷宽约 3 ～ 6 米，其中东西向的老街曾是商贸街，街道两侧布置着商业、金融、邮政、政府办公等功能的建筑群，建筑多为二层，形式多样。

永宁镇整个古卫城建于山坡之上，其地势自东向西倾斜，并结合娘妈山、象山、莺山而形成三山夹一城的、“八景”交融的古城格局。另外，水关沟是古城中的主要排水渠道，该沟起自北门境，顺水关街横过大街，经小街出城，全长约 500 米，宽约 2 米，深约 2.1 米，除入口一段外，上皆覆盖石板。

城隍庙

董云阁烈士故居

3. 建筑特色

目前，古镇内的省级文物保护单位有 2 处，分别是姑嫂塔（也称万寿塔或关锁塔）和城隍庙；市级文物保护单位有 8 处，分别是：虎岫寺摩崖石刻、永宁石刻、李子芳烈士故居、董云阁烈士故居、明代武探花陈有纲墓、慈航庙、“7·16”蒙难纪念碑、岑兜古盐场。另外，古镇内还保存有大量的明、清、民国等时期的闽南传统古大厝、番仔楼、洋楼等。

其中，传统古大厝开间多为二落三间张或五间张传统大厝形制，部分古厝还带有双护厝，少量为三间张榉头止形制，古厝类型较为丰

传统古厝

富。古厝外墙普遍采用胭脂砖，屋顶为燕尾脊大屋顶，镜面墙身堵大多用红砖拼花，组成万字堵、古钱花堵等各种图案，变化很多。

番仔楼和洋楼。番仔楼是小洋楼与传统民居相结合的建筑，传统民居“大厝身”是二层楼的建筑形态，即在平面上保持“一厅数房”的基本形制，中为厅堂，左右各有两房，称为“四房看厅”，底层作为客厅，寿屏后为楼梯及联系左右后房的通道，祖厅移至二层。该类建筑的门窗、外廊是其装饰的重点。其外廊有“五脚气”“出龟”“三塌寿”等多种形式，外廊背后即为闽南传统民居“大厝身”的布局。洋楼是在番仔楼的基础上进一步西式化的产物，永宁洋楼最大的特色就在于正立面的西式化，外廊式样突出，建筑层数往往突破二层，材料多为混凝土。作为建筑的门面，洋楼的山头样式繁多，有西方曲线的巴洛克山花，也有传统的书卷式曲线，更多的是中式、西式的巧妙搭配。

古镇内祠堂众多，主要有董氏宗祠、王氏宗祠、林氏宗祠、高氏宗祠、李氏宗祠等，这些宗祠、家庙等建筑多为近年来重建建筑，建筑多采用传统古厝形式，多为二落大厝。

永宁的建筑雕刻装饰艺术精致，工艺精湛，主要以木雕、石雕为代表。木雕以传统古厝的木构件为主要的雕刻对象，石雕则被广泛用于台基、柜台脚、裙堵、门楼、门罩、门侧、窗框、窗棂等上。

番仔楼

宁东楼

雕刻艺术

4. 保护建议

永宁镇古卫城总体格局及其各级文物保护单位都得到了较好的保护，永宁镇政府对此也非常重视，工作热情较高，但仍存在一些问题需要加以重视：首先，明代古城墙遗址现状杂草丛生，并有部分地段被非法占用，亟待加强城墙遗址的保护；其次，古卫城内新建建筑高度、体量等与历史风貌冲突现象突出，需要通过规划控制引导、制定相关的政策制度以加强管理，并应加强对村民的宣传教育；再次，遗留下的非文物传统建筑自然、人为破坏严重，亟待加强维修与合理利用；第四，老城区环境较为脏乱，交通问题突出，特别是机动车横穿整个古城等现状亟待改变；第五，遗产管理水平亟待提高，保护意识有待进一步加强。

图文：
张　杰　华东理工大学副教授
庞　骏　上海对外经贸大学副教授
严　欢　华东理工大学硕士研究生
参与调研人员：
徐珊珊　马启达　叶春阳　彭媛媛　王依丽　游　家

丰州古镇局部俯瞰

福建南安丰州古镇

1. 概况

丰州古镇位于福建省泉州南安市东部，地处南安与泉州市区交界，前瞰晋水，清源紫帽屏列；后枕葵山，九日莲花诸峰翊戴。古镇是闽南地区最早的政治、经济、文化中心，古代“海上丝绸之路”起点。其历史可追溯至三国吴永安三年（260 年）作为东安县县治，尔后各朝建置，屡易其名，辖地有差。唐武德五年(622 年)始有丰州之名。武则天久视元年（700 年）徙州治于今泉州城区，丰州作为南安县治直至民国二十五年（1936 年）。

丰州古镇是“海上丝绸之路”起点和代表史迹。古丰州地理环境优越，水陆交通非常方便。其水路的金鸡古港下游可通泉州刺桐港，上溯可达安溪、大田等内陆腹地；陆路可通福建省诸地。其时无论是水路或陆路往来的货物，几乎都要经过金鸡港再转放洋。宋元时期，由于政治、经济、水陆交通的重要地位使丰州成为祈风祭海之地。即在古镇九日山下祈风，而后“海上

北门旧址牌楼

丰州古镇山水格局图

丝绸之路”从此港起航。九日山现存宋元明清代崖石刻近80方，其中13方为记载古代海外交通贸易史实的祈风石刻。

丰州非物质文化遗产丰富，保护传承较好。省级非物质文化遗产“桃源蛇脱壳阵”，可以追溯到唐代桃源傅氏始祖傅实，明嘉靖年间（1522—1566年）傅应嘉受命协同俞大猷、威继光抗击倭寇，源于抗倭战术上的研究，形成的一种拳法阵式。市级非物质文化遗产“九日山祈风仪典”，见证了泉州刺桐港海洋贸易的繁盛。此外，还有跳鼓舞、彩球舞等传统舞蹈，石亭绿茶制作工艺和元宵灯会等传统民俗。

2. 古镇布局

丰州古镇现存格局为明清南安县治遗构，明嘉靖三十八年（1559年）始垒石为城，直至民国二十八年（1939年），国民政府以焦土抗日为由下令拆除。丰州古镇反映了中国古代南方城市县城传统格局，一边一门，路网骨架成井字形。同时“因天时，就地利，故城廓不必中规矩，道路不必中准绳”，整个城市平面不甚规整。古城城墙今已基本无存，但护城河保存较好，为确定镇内古城范围提供了真实的依据，各城门遗迹可寻。古城中部行政中心现存城隍庙和丰州书院。历史街巷格局完好，除民国和新中国成立初年拓宽的南门街外，其余主要街巷尺度基本保持原有特征。顶街和西门街构筑的十字街是古镇的主要核心轴线，街道两侧坐落着宗祠群，建筑精美，整体风貌较为完整，同时，作为历史上的商业街道依旧延续旧时氛围，传统店面风貌保存较好。

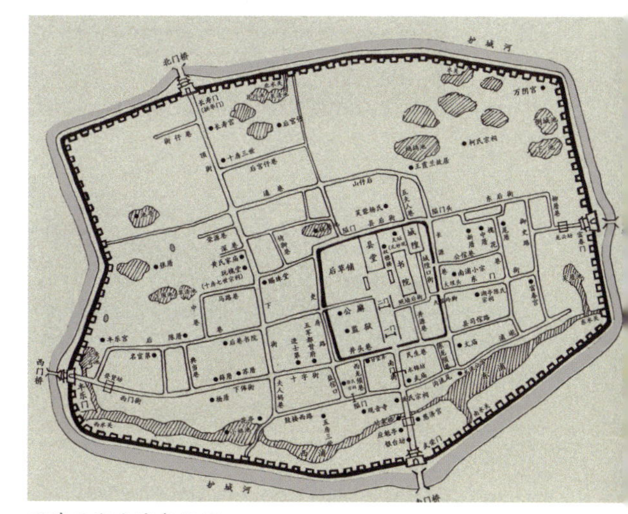

明清时期古城复原图

丰州书院

长源巷

闽南民众对信俗文化特别重视，丰州镇主要有福佑帝君信俗、

项街

燕山黄氏八房宗祠

七柱祖宇

桃源宫陀罗尼经幢（北宋）

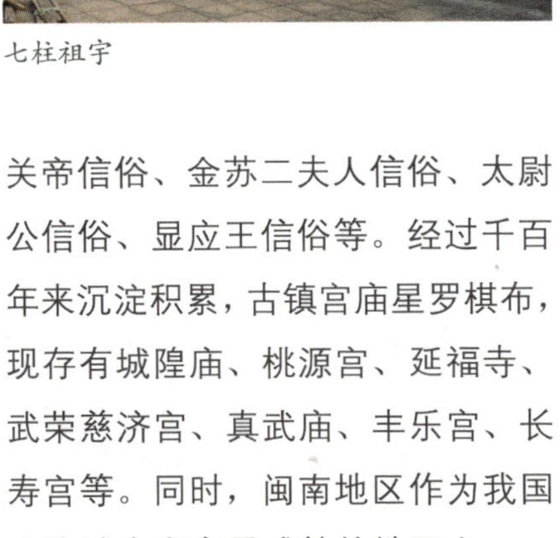

关帝信俗、金苏二夫人信俗、太尉公信俗、显应王信俗等。经过千百年来沉淀积累，古镇宫庙星罗棋布，现存有城隍庙、桃源宫、延福寺、武荣慈济宫、真武庙、丰乐宫、长寿宫等。同时，闽南地区作为我国宗族社会发育最成熟的地区之一，尊祖敬宗，故慎终追远，最明显的表现就是祠堂和祖厝体系的高度发达。丰州宗祠祖厝林立，现存具有重要历史价值的有武荣傅氏大宗祠、燕山黄氏家庙、燕山黄氏五房宗祠、燕山黄氏八房宗祠、傅氏祖屋、七柱祖宇等。

黄守源故居

傅孙杭洋楼

3. 建筑特色

丰州古镇传统建筑遗存颇为丰富，多为闽南红砖大厝和近代华侨洋楼。闽南红砖大厝俗称“皇宫起”，民居屋顶分段错落的处理，形成丰富的天际轮廓线，屋顶尤以“燕尾脊”独具特色。墙体为特有的空斗墙体，以红砖组砌成万字形、寿字形、菱形、八角形、双环金钱形等

黄衍塔洋楼

黄怡瓶洋楼

吉祥图案，色彩鲜艳、精致美观。红砖与白石强烈的色彩对比，使之更显华丽。典型的红砖大厝有各姓宗祠祖厝以及陈贻肃宅、陈晓泉宅、黄守源故居、黄抄倌宅等。泉州是我国著名侨乡之一，近代华侨洋楼是归国华侨受侨居国建筑形式影响而建，典型的洋楼建筑有傅孙杭洋楼、黄衍塔洋楼、黄怡瓶洋楼、随园、燕山小筑、傅子伍洋楼等。丰州建筑遗产可以说是闽南传统建筑演变的例证。

后巷

4. 保护建议

古镇内九日山是“古泉州（刺桐）史迹”申报世界文化遗产的重要载体，应以此为契机，梳理、盘活古镇历史文化资源，加快对古镇的保护工作。保护现有护城河水系的宽度、走向，提升护城河的开放性、可达性和环境景观品质；保护街区内纵横交错的街巷格局，不得擅自新建、扩建道路，对现有道路进行改建时，应当保持、恢复传统肌理、道路格局和景观特征；对文物和历史建筑应进行保护、修缮；针对居住类保护建筑，应允许建筑内部进行非结构性改造，以适应现代居住生活方式，对于一般民居的翻新、重建，应对层数、风貌进行引导控制。古镇内书院、宗祠、祖厝、宫庙，应结合居民意愿，进行适当的文化展示和活化利用。传统商业性街道应在保有地方服务型商业基础上，适度引导与传统手工艺、文化创意体验相关的功能业态，以注入活力。古镇原住民人口保有度高，社会活力较好，应积极培育地方社会和海内外华侨乡贤力量，多渠道筹集资金，“共建共治共享、见人见物见生活”。

图文：
林　翔　华侨大学建筑学院副教授
张博雅　上海阮仪三城市规划设计有限公司规划师

双溪古镇整体鸟瞰

福建宁德双溪古镇

1. 概况

双溪古镇位于福建省屏南县东北部的山区地带，地处鹫峰山脉中部，西溪和西门溪在此交汇向东流去，山水环抱形成小盆地。古镇距县城 21 千米，303 省道可直通此地。

古镇始建于后梁，兴盛于明清，是以陆、薛、宋、蒋、张姓氏为主的血缘型村落。由于当地水路陆路通达，自屏南在双溪立县后，成为通往闽东闽北的交通要道，来往货物聚集于此。如今古镇整体格局保存完好，虽不复当年的繁华，但仍可寻曾经的盛景。2014 年该古镇被列为中国历史文化名镇。

2. 古镇布局

双溪古镇在清雍正年间（1723—1735 年）被立为屏南县治，成为屏南县的政治文化中心，房屋布局和路网都遵循水源、水势发展。古镇早期沿周边两条水系，由西至东呈线形分布，逐渐

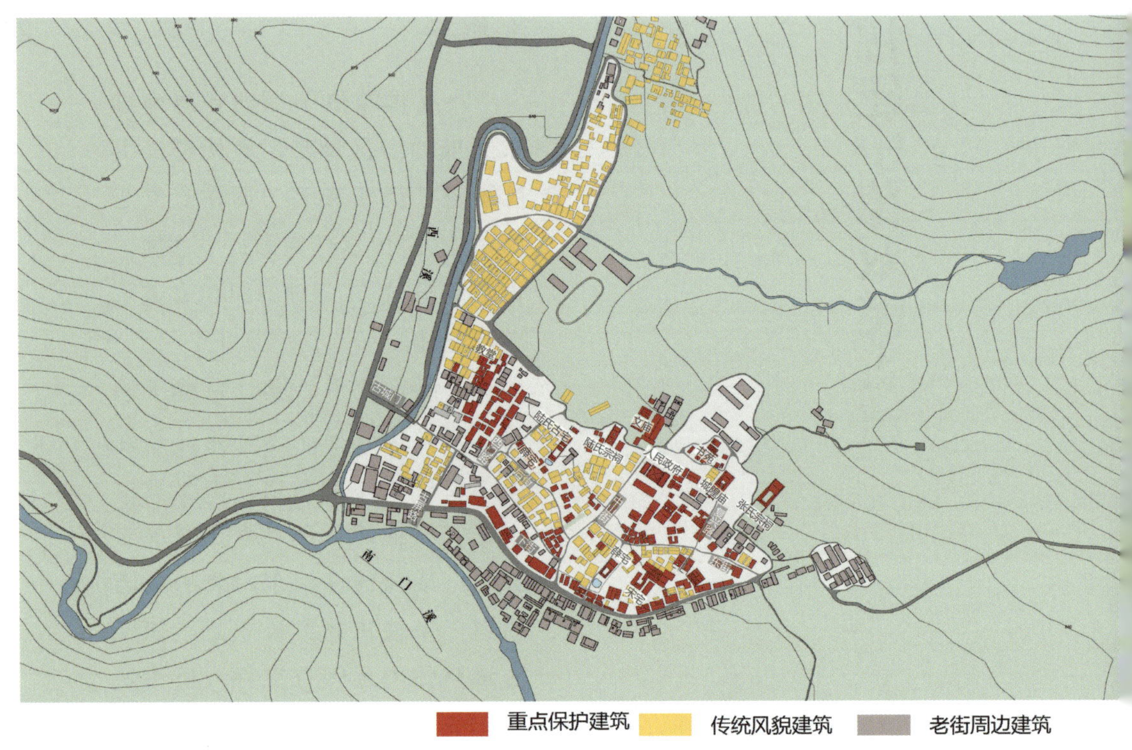
西
溪
教堂
古城门
陆氏古宅
陆氏宗祠
文庙
人民政府
书苑
城隍庙
张氏宗祠
韩宅
宋宅
南
门
溪
重点保护建筑
传统风貌建筑
老街周边建筑

双溪古镇总平面图

后街

老街商铺

下街

向南发展形成网状格局，该格局由一条环城东路与三条纵向支路相连，其中支路分别是古屏路、西门路、中山街。而中山街道路在三条街道中最为宽广，街巷呈东西方向延展，并与后街、下街、东街相连，形成局部鱼骨状的格局，周边主要分布着以陆、周、张、薛氏为主的家族建筑。

中山街和东街主要形成于民国时期，而后街、下街则初建于清代，至今存留着清朝的修筑痕迹。后街为该镇最古老繁荣的商业街，是周边物资的集散地，新中国成立前夕曾一度衰落，而后因现代交通便利，再次兴起，目前，老街街巷格局保存尚完整。

天井内台案

3. 建筑特色

祭祖为双溪古镇传统文化的重要组成部分。当地居民每逢佳节会在各自的宗祠举行庆典或仪式，以祭祀先祖，体现当地“信神不如敬祖”的传统。

双溪古镇的建筑形式大多为中国传统的院落式，大体分为街巷型和合院型两种。街巷型布局形式以商铺为主，前店后宅、临街而立，店面后设有门板，将商业空间与居住空间明确区分。另一种则是合院式，以民宅为主，分为两种类型，即三进四合院式和两进三合院式。四合院式一般在建筑两侧设有双门楼，行人从两侧的门进入第一进的下马厅，依次进入门厅和后门楼。三合院式规模相对较小，入口一般不设下马厅，进门便是门厅。当地三合院和四合院的天井有一个共同特点：天井下对应着两个聚水池，人从中间走过到达正厅。住户天井内部的摆放方式能显示其身份地位，屋内有盆栽成对的聚水池代表家族富裕。除此之外，当地还存有衙署、祠堂、基督教堂、塔楼等多元化的建筑形式。

（1）周氏老宅

周氏老宅始建于清末，为三

周氏老宅入口

周氏老宅天井内

周氏老宅正门

座宅院连接在一起的三落大宅，是两层两进三开间，以茶庄、住宅为一体的综合性建筑。主人当年是屏南茶商，因而此宅又称“六合春”茶庄，茶庄兼做酱油、酒生意。老宅右侧角屋建有翘脚骑楼，样式精美。

文庙

文庙鸟瞰

陆氏古宅木雕

（2）文庙

文庙始建于清雍正十三年（1735年），原规模较大，后经多次修建规模缩小，现仅建有大成殿、崇圣祠、明德堂、奎光阁，其中大成殿保存较完好，殿前留有石雕草龙和功名石。该庙总占地面积1500平方米，在2005年被评为福建省重点文物保护单位。

（3）陆氏古宅

始建于清道光年间（1821—1850年），主建筑二进三开间，为台梁穿斗穿插式梁架。原是前店后宅的居住建筑，以经营药材为主。古宅坐东南朝西北，中轴线依次由门厅、天井、厅堂、后天井组成。建筑后部以一个小花

城隍庙主殿

城隍庙入口

园来连接主建筑与临街的药材铺，是当地宅店合一建筑的典型代表。

（4）城隍庙

该庙建于清雍正十三年，历经7次修整，现存天井、廊庑、戏台、月台、后殿，占地1200平方米。在城隍庙两侧设有门楼，人从两侧的门楼进入内院。内设戏台与看台，戏台与拜亭为歇山顶，立四柱，内嵌藻井，大殿屋

陆氏宗祠

顶为悬山，内部是穿斗抬梁混合式梁架结构，整体布局完整。

（5）陆氏宗祠

陆式宗祠与陆式古宅两两相对，是双溪古镇规模最大、格局保存最为完整的宗祠，门前设有半月形的风水塘，内设有戏台和拜亭。该祠后院设有望远楼，是祠堂的最高点，可以俯瞰整个古镇。宗祠内设有一对古井，与半月池相连，直通西溪，寓意泉源汇通。

陆氏宗祠风水塘

4. 民俗文化

双溪古镇曾经是县政府所在地，当地在不同时期经历了多种文化的输入。现存的祠堂、基督教堂反映了当地居民对多元文化的包容性。

（1）四平戏

四平戏是屏南当地最为出名的戏种，起源于明代，明代平腔最能体现四平戏的特色。当地一直保持着当地方言，每逢佳节会在戏台与拜亭间对唱。

（2）古亭乐

古亭乐原是当地的宫廷古乐，后由薛氏家族自浙江绍兴引入屏南双溪，从清末至今，每逢元宵节会有乡民上街游行演奏。

（3）彩枰

彩枰游行是屏南县特有的民俗活动。每逢佳节人们在城隍庙举行庙会时，会有彩枰、彩灯、龙狮灯游行和鼓亭等活动，彩枰游行是其中最具特色的一项仪式。

5. 保护建议

双溪古镇整体布局保存完整，中山街和复兴路老建筑存量相对较多，这几条街道是外地游客参观的重点，建议通过保护这些重点街区来带动小镇的发展，重现老街传统风貌。

图文：
赵苒婷　华中科技大学建筑与城市规划学院硕士研究生
参与调研人员：
赵　逵　华中科技大学建筑与城市规划学院教授

九峰镇全景

福建漳州九峰古镇

1. 概况

九峰古镇位于福建省漳州市平和县西南部，东北距平和新县城 47 千米，距漳州市 108 千米，西南与诏安县，广东省大埔县、饶平县接壤，现有省道郊柏线连接福建与广东两省。

九峰又名九和，是城东九和山，山上九峰交错出现由此得名。九峰古镇素有“闽粤边贸重镇”和“文化古镇”的美誉。九峰古镇历史悠久，人文荟萃。自明正德十三年（1518 年）隶属平和县。同时，九峰镇也为我国革命根据地，1928 年 3 月 8 日中国共产党在此打响了八闽的第一枪，为“福建的先声”。

古镇现有人口 4.6 万余人，其中 95% 为客家人，杂姓极多，有“百姓”之称，但主要以曾、朱、杨三姓为主，其中曾姓大约 2 万多，朱姓 1 万多，杨姓 1000 人，是较为典型的以三大姓氏为主的宗族血缘聚落。

2003 年 1 月 8 日被福建省确认为省级历史文化名镇。

景云楼

2. 古镇布局

九峰古镇依山傍水，即大芹山及其周边山陵、碧溪河，地势由东向西倾斜，古镇因形态似“鲤鱼”而素有“里城”或“鲤城”之称，而位于古镇东南角，有300多年历史的土楼“景云楼”则被当地居民形象地称为鲤鱼的“鱼眼”，并成为界定古镇东南的边界。古镇东北则以城隍庙和牌坊为边界。古镇内结合东西长、南北窄的地形条件，布局有纵横交错的街巷，其中下街建于明清时期、西街建于清末民初。整个古镇空间形态为：以城隍庙为起

西街

街巷

文庙

点，景云楼为终点，由东街和西街、下街、中山街的“三纵”与三条横向街巷即“三横”形成“鲤鱼”状形态。

九峰古镇的三大宗姓散布在古镇内及其周边地段，其中，古镇北部，东街以北和西门周边为朱氏宗族聚居区；西街，南部和东门部分为曾氏宗族聚居区；杨氏宗族聚居区则在古镇外围的新大街一带。这三大姓氏均是在元末明初来到此地，有各自的家庙宗祠，体现了鲜明的宗族血缘关系。

整个古镇名胜较多。现留存有文庙、城隍庙、崇福堂、杨氏宗祠、上坪农民协会旧址、东门外牌坊、上仓贞烈坊、俞大猷记事碑刻等省、县级文物保护单位20多处。另外，在古镇内还留存有“八景”，由此，形成了独具特色的闽粤文化交融的古镇风貌。

西街骑楼

半弧形土楼仁美楼

3. 建筑特色

古镇内外古建筑数量庞大，现存有 200 多处，其中保存完好的有：宫庙、祠堂、民居、西街上的骑楼等，以及牌坊、古井、大芹山上的双塔、土楼群等。土楼现存45座，其平面形态主要有：围垅屋、圆楼与方楼等。

城隍庙内景

曾氏家庙梁架

古镇宫庙建筑素有“两文两武”之说，即分别是城隍庙、文庙以及武当宫和关帝庙，其中城隍庙保存最为完整，现已被列为省级文物保护单位。城隍庙建于明正德十四年（1519 年），总面积 1400 平方米，坐北朝南，四进五开间。中轴线自南向北依次为牌楼门厅、下厅、大殿和后殿，

朱氏大宗祠

建筑外观

中间隔以天井，天井两侧为回廊。后殿面阔五间，进深7檩，供奉城隍爷夫妇，城隍庙前是一座保存完整的牌坊。

祠堂是九峰镇古建筑中的代表之一，在各姓的聚居区处于核心地位。现存的祠堂数量较多，按照功能分主要包括：（1）单一功能的祭祖建筑，如曾氏家庙、朱氏宗祠、杨氏宗祠；（2）祭祖与居住合一的建筑，即主体建筑为祭祀功能，两侧护厝则为居住功能，如中湖祠、霞田六湖公祖祠等。

民居多是清末与民国时期，其间少量建于明代，民居建筑的布局兼具闽南民居与客家土楼的

恩置宫

特点。“四点金”民居是一种合院式民居，平面上由门厅、天井（两侧厢房）、正堂组成，一般为单层，是单体民居建筑的主体形式，向两侧或前后扩展就形成中、大型民居。中山西路建民巷75号就是中型民居的典范，屋前有半圆形水潭，由鹅卵石砌筑而成，是风水的规制。

西街建于清末民初，北起平和二中，南至恩置宫，全长约700米，宽约7米，共200多户民居，其中55户为住宅用房，其余为商业店铺，营业项目包括布匹、茶叶、烟叶、药店、银行等。建筑均为两层或三层骑楼，一楼廊道铺长条形方石板，砖木结构，二楼大都饰以精美的石雕和木雕。

4. 保护建议

镇内古城墙现在只剩下一小段，其余已融入了现在的民居建筑中，亟待加强对城墙遗址的保护；其次，古镇内新建建筑高度、体量等与历史风貌冲突，需要加强管理、规划控制引导、制定相关的政策制度，并应加强对居民的宣传教育等；再次，遗留下的非文物类传统建筑、传统风貌的街区生态环境，人为的破坏比较严重，亟待加强维修与合理利用。

巷道

图文：
张　杰　华东理工大学副教授
庞　骏　上海对外经贸大学副教授
徐珊珊　华东理工大学硕士研究生
参与调研人员：
严　欢　马启达　叶春阳　彭媛媛　王依丽　游　家

云水谣古镇鸟瞰

福建漳州云水谣古镇

1. 概况

云水谣原名长教或张窖，因电影《云水谣》而更名为云水谣。古镇地处福建省漳州市南靖县西北部山区，四面环山，风景迷人。

古镇始建于元末明初，现下辖3个村，分别为璞山村、官洋村和坎下村，3个村被曲折的长教溪分隔开来，以溪为界。古镇共有6000多人，以简姓为主，另有少部分王姓。

云水谣古镇一景

用鹅卵石铺建的古栈道

古镇老榕树

2. 古镇布局

云水谣古镇依山傍水，长教溪从古镇中蜿蜒穿过，呈带状环绕着古镇。溪边的一条用鹅卵石铺的古栈道将整个古镇串联为一带状的空间形态。古道上有十几

民居土楼之一

民居土楼之二

民居土楼之三

棵老榕树散布在其中，盘根错节，枝繁叶茂，蔚为壮观，给古镇增添了几分自然与古色。古道旁有一排两层老式砖木结构房屋，这些老商铺大多还保留着木板代墙的特点。古道两侧还建有砖、泥、木结构的民居及土楼，其中，和贵楼、怀远楼等风格各异的土楼已列入世界文化遗产名录。

土楼内院之一

土楼内院之二

3. 建筑特色

云水谣现存土楼保存完好的有50余座，其年代为数十年到数百年不等。除了破败损毁的土楼外，其余土楼依然有居民生活、居住，包括和贵楼与怀远楼。土楼的类型多样，有圆楼、方形楼、半圆楼、弧形楼等。大多数土楼为4层，用土夯筑的外墙坚固厚实，底部厚度约有1.5米。

和贵楼，位于璞山村，建于1732年，楼高5层，约21.5米，

怀远楼近景

怀远楼远眺

怀远楼内院

是福建所有已知土楼中最高的一座。每层有 28 个房间，共有 140 间，设一个大门，四角各有一个楼梯上下。土楼庭院内设置有两口水井，一口干净清澈，另一口却是浑浊不堪。因建在沼泽地上，和贵楼宛若陆上“诺亚方舟”，其“楼包厝，厝包楼”的奇特结构更是令人惊叹。

怀远楼，位于坎下村，建于

广居楼

1905年，是工艺最为精美、保护最好的双环圆形土楼。怀远楼坐北朝南，高4层，每层34间，共有136个房间。楼内还建有极其精巧秀气的五凤楼建筑“斯是室”，室内楹联诗对、雕梁画栋诠释了“忠孝为本、耕读传家”的思想，是闽南传统建筑风格与中国儒家文化完美结合的杰出典范。斯是室侧门上有一溢金匾，上书“助我义师”四字，据传为何应钦所提。

除了上述这些土楼外，还有

简氏大宗祠

保存较为完好的钟兴楼、隆兴楼、三峰楼、翠美楼、进士楼和德丰楼等土楼。

另外，云水谣古镇也留存有大量的祠堂建筑，如追来祠、潭头祠以及位于坎下村的简氏大宗祠等。

4. 保护建议

目前，云水谣古镇已经进行了初步的旅游开发，被收录于不少旅行社的旅游线路当中，一时间游客纷至沓来。因此，就存在着古镇保护与旅游开发的矛盾，急需开展这方面的研究，编制相应的保护与发展规划。其次，许多传统民居已经破旧不堪，亟待维修。再次，整个古镇的生态环境随着旅游的开发已暴露出诸多生态问题，如溪水的污染、垃圾的处理、植被的破坏等，都亟待合理改善。

图文：
张　杰　华东理工大学副教授
庞　骏　上海对外经贸大学副教授
游　家　华东理工大学研究生
参与调研人员：
徐珊珊　严　欢　马启达　叶春阳　彭媛媛　王依丽

常源古村整体俯瞰

福建宁德常源古村

1. 概况

常源古村位于福建省宁德市周宁县礼门乡，即周宁县西南部洞宫山脉香炉山南麓，是隋朝入闽始祖黄鞠的后裔于南宋年间由宁德霍童镇石桥村迁居至此形成的黄姓氏族血亲村落。因四周高山绝壁，故名石竹坑村，后改称“常源”。如今村落历史文化遗存丰富，明清古民居集中连片，兴建于清乾隆年间（1736—1795 年）的上下众厅和石拱桥保存完好。

每年除夕全村各户都要到众厅拜祖后再进行家祭，男性村民还要肩扛板凳龙，依照传统的巡游路线进行一年一度的游行。常源村的板凳龙，是一块长约 1.6 米、宽 20 厘米的杉木板，板上方插有两组各 6 根或 8 根竹条用于粘贴彩纸做六角或八角灯笼，板两端各凿一个孔径 5 厘米的圆孔，用长约 1.2 米、直径 4 ～ 5 厘米的竹竿将两条同样的板块前后联接，参与者双手举握竹竿，每人各举一凳，前为龙头，

路亭

枕水而居

后为龙尾，中间为龙身，众人合着鼓点，协调行动，节节相随。有时一条龙从头到尾要用百十多条板凳相连，板上的花灯则按各自喜好绘画花、草、树、鸟等图案，夜晚形成一条长长的游灯带。

2. 古村布局

常源村踞守于两座高山之间的狭长山谷，地势北高南低，一条发源于香炉山的山涧从村东流入，房屋均顺山势坐西面东而建。乾隆年间跨溪建有石拱“接龙桥”，过桥便是通往香炉山道观遗址的古道。村南谷口保留大片生态林，有始创于明万历（1573—1619年），重建于清乾隆年间的兴福寺，有民间崇拜的“齐天大圣庙”，还有土主庙和风雨廊桥，用以守护村落水尾。其中“当境土主庙”建造独特，外形如石墩墓，前设祭台，用于祈愿家禽繁殖和农业丰收。

村落先民还巧用毛竹引山泉水入村，并用石条凿成“弯头”“三通”“四通”来解决毛竹管网的转

石桥山路

巷道

巷弄

弯与对接；村中多处放置有整石凿成的水槽，用于蓄接竹管引来的山泉水。这些古代巧妙的防御工程、引水蓄水工程，穿插布局在六七十幢古民居群和错综的巷道中，令人称叹！

防御四周的炮楼

宗祠

风格各异的山墙

3. 建筑特色

常源村民居用材较为单一，皆为夯土墙体，杉木构架，青瓦屋面，外立面朴素至简，仅少数大宅富户围绕内天井极尽雕刻灰塑彩画之美。明代及清代早期民居，院门、门框、门礅、门槛皆为木质，木柱也直接落地，不设石柱础，房屋正立面多用板壁，内部装饰简洁、布局注重实用。由于村民常年从事药材、茶叶贸易，日渐富足，清末至民国常有匪患出没。村民为求自保，修筑多座土炮楼，内置射击口及石制小窗门；民居墙体也更加高大厚实，有的还配建小型碉堡；在街头巷尾拐角处也增设短墙，墙内置多个竹筒，放置角度略有不同，人在墙后蹲守放哨时可以透过竹筒观察到不同的方向和距离，一旦看到山匪进村就可立即通报、组织防御。

闽东地区古代大型村落多建

建筑门头

建筑院落

石雕

有“众厅”，用于祭祖、敬神、聚会、议事、接待官员等公共用途。一般一个村落仅有一座众厅，但常源村却建有上下两座。清乾隆四十三年（1778年）建“上众厅”，之后又建“下众厅”，规模形制相似。至清代后期经济较好的大村落纷纷将众厅改扩建成两进或三进的宗祠，故村中的“众厅”已不多见了。难得的是，常源村内上下两众厅保存基本完好，均为三开间带前廊的全木结构厅堂建筑，且木柱直接落地不做石础的做法遵循古制。众厅前的空坪向来是村民聚集的公共场所，卵石拼花铺地十分完整，下众厅前设有一方水池，为消防蓄水之用。

4. 保护建议

由于地处偏远、群山围绕，常源村内新建砖混结构民房不多，传统村落的整体格局完整，建筑风貌质朴，村边层层水田，菜地茶园环绕，漫山竹丛林地茂密。村民至今仍保持着淳朴的生产生活方式，做棕衣、编竹器、日常耕作，多数村民还掌握着过硬的毛石砌筑、做大木和夯土墙技术，为古建筑修缮和环境整治工作提供了非常好的基础。村内近年来增设了公共厕所、垃圾桶焚烧炉、农家书屋、路灯、停车场等公共设施，总体布局和再利用功能较为合理，改善了居民生活的环境，未来应注意避免一些配建设施景观处理的公园化和布景化。

图文：
袁　菲　葛　亮　上海同济城市规划设计研究院

漈下古村

福建宁德漈下古村

1. 概况

漈下古村位于福建省宁德市屏南县甘棠乡，即屏南县南部文笔山南麓盆地的龙漈溪畔，海拔 800 余米，四面环山、双溪夹流。自明正统年间（1436—1449 年）甘氏自浙江入闽开基建村，习武健身之风日盛，世代相传虎桩拳法，武举人、武进士等武将频出，是远近闻名的“武术之乡”，也是清代戍台名将甘国宝的祖居地。

2. 古村布局

村庄坐东朝西，依山沿溪构筑，溪畔风雨长廊贯穿南北、连绵不断，村头村尾各有一座木构廊桥横跨溪上。明代为抗倭寇和山匪，环村建有城墙城楼，如今石砌城墙尚存 2 米多高，其中北门城楼建于明天顺五年（1461 年），现存完整，上部为单檐歇山抬梁式木构城楼，下部为砖石混砌券洞门，上书“漈水安澜”题额。

北门城楼旁的“迎仙桥”，俗称“花桥”，建于清康熙年间

木罩面外墙

主街

古村墙垣环绕

桥内是居民的日常休憩空间

迎仙桥

（1662—1722 年），为木构平梁廊桥，东倚城楼，西置水碓，不仅是桥、是廊，更是村中心热闹的公共聚会场所。桥头内近年新安设了液晶电视，傍晚时分桥亭中两排长凳总是坐满谈天说笑、怡然自得的村民。

村南水尾的“聚宝桥”，又称漈川桥、水尾桥，始建不详，清光绪年间（1875—1908 年）重修。

为原木“八字撑”木梁廊桥，桥中设有神龛祀奉玄天上帝。桥旁的水尾殿，又名“飞来庙”，殿内清代壁画楹联尤其完整。

如今，古村墙垣环绕、街廊绵延、巷弄纵横，民居、祠堂、寺庙、城楼、桥、亭、驿道等历史遗存一应俱全，总占地面积约8万平方米，其中8处独特的建筑，已合并列入全国重点文物保护单位“滚下建筑群”，包括聚宝桥、飞来庙、龙滚仙宫、北门明代古城楼、迎仙桥、官厅厝、峙国亭、凌云寺等。

巷道

上圆下方的马氏天仙殿

3. 建筑特色

村口“峙国亭”为平面正方形的单檐歇山路亭，因地处溪畔街巷交会处，且是入村的必经之路，为便于通行，民间巧匠通过特色“减柱造”的做法，将原本“4 × 4”的规则柱网，运用抬梁的方式减掉一根落地柱，给穿亭而过的巷道让出更宽敞的通路，因此呈现出十分罕见的“十五柱”亭。据说这亭子的柱子数量成了旧时甘氏后裔在外

甘氏宅院

认亲的证物，若答不出这亭有多少柱，就不是真正的漈下村人。此外，亭内梁枋上刻画有大量“三国演义”题材的彩画故事，亭中供奉武圣关羽。

“龙漈仙宫”俗称“马氏天仙殿”，大殿三面环溪、坐南朝北，殿前高悬“方壶圆峤”匾额，建筑则取上圆下方的造型特征，寓天圆地方之意。圆形穹隆藻井如百鸟朝凤，盘旋上升，富丽堂皇。其中独特的马氏仙姑信仰文化也是本村独有的特色。

漈下村明清传统民居大多石砌基角、夯土筑墙，随着风雨侵袭表层剥蚀，呈现出层层夯筑的土墙界面风貌，加上阶梯状层层跌落的马头墙与曲线浑圆的云鬟墙交相叠嶂，呈现出闽东山区传统村落的典型景观。

此外，还有极具时代特色的“文革语录楼”和保存完整的甘氏宅院等。甘国宝祖居还保存有乾隆皇帝御赐“福”字匾，全村至今沿袭习武之风，石锁、石蛋等民间习武器械处处皆是。

屋脊

檐下细部

4. 保护建议

如今漈下村的乡土文化旅游已经有所开展，村民对于古村保护也涌起了极大的热情，村落外围的新建民房大都已涂刷成土黄色；沿着龙漈河西侧新建了长廊，对沿岸新建的砖混结构民房起到一定的景观优化效果；同时滨水的廊下空间和长凳，为人们日常行走交谈提供了遮风避雨的半公共空间；许多曾经在外务工的漈下村年轻人开始陆续返乡创业。在这样的良好氛围下，当地政府部门应事先做好统筹布局规划和统一透明的监督管理，有效引导村民在改善自己家园的同时，形成合力，不断提升村落风貌景观，激活传统文化的新时代发展动力。

图文：
袁　菲　葛　亮　上海同济城市规划设计研究院

厦地古村整体俯瞰

福建宁德厦地古村

1. 概况

福建省宁德市屏南县厦地古村，位于屏城乡东南约 8 千米，是 303 省道旁的一个小巧静僻的山村，古时称二十二都八保华地境，历史上曾有屏南四大书乡之一的美称。村民均为郑姓，始祖郑宗安是浙入闽始祖郑昭后裔。

2. 古村布局

厦地古村傍山结庐，房前屋后尽是竹木篱笆、石砌矮墙；山上遍生苦竹，翠荫环绕。村民把竹筒等掏空，作为引水管，从山上引清泉入村的巧思延续使用至今。村头水车水碓运转如常，石砌巷道旁终日溪水潺潺。村中建有郑氏祠堂，堂前立有旗杆座。村中还曾有宋元八景之说，可惜毁于火灾。近村的缓坡地，则被开垦为层层的梯田，全然一派山水间的耕读诗画。

双坡瓦顶、穿斗木构、板壁泥墙的山居民房层层叠叠，相互错落搭接，虽然每一幢都极为普通，没有特别精美的装饰艺术，但整个村

依山就势的古村布局

水车碾坊

巷道

古村地形起伏

山居民房层层叠叠，相互错落搭接

驿道驿亭

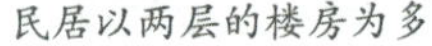

民居以两层的楼房为多

民居

落座落的山丘地形起伏、丰富有致。民居都因地顺势就形，灵活布局，虽规模不大，但空间多变、趣味十足。

院落天井

3. 建筑特色

厦地村的传统民居外墙多为一色的夯土版筑泥墙，坐落在石砌台基之上，仅在墙体转折包角或开设门窗的部位搭配少量青砖扁砌，以求坚固齐整。主入口以砖砌居多，上置木过梁；略讲究的则全用青石门框，上置层层木质出挑的瓦檐门罩。

民居局部

为适应山坡地形节省建房基地，民居以两层的楼房为多，平面布局紧凑，以小巧的三合院和三至五开间的一字长条形房屋为主。

合院式民居采用夯土墙围合，

田园环抱的村落

左右两侧山墙一般采用中部向上呈弧拱的水行山墙，北侧后墙为一字齐平式样，南面的正立面墙体做成由两边向中间逐级跌落的阶梯状。合院民居内部结构仍为穿斗木构梁架，面向内天井全为木柱木板壁，天井地面铺满条石。

“一”字长条形的民居大多为双坡悬山屋面，山面的夯土墙做到与屋檐齐平为止，不再往山尖夯筑，而是将内部的木构梁柱直接暴露出来；南立面的夯土墙一般只做底层，楼层则全用木板壁罩面。这样土木材料结合的造型，穿插在山村层叠的建筑中，增添了几分活泼与灵动。

4. 保护建议

驻扎在村落中的艺术家协助将村中的几幢老房子整修后创办了乡村图书馆、咖啡馆等商业文旅空间。原厦地小学在新中国成立后建成的校舍，也将按计划改造利用为餐厅和住宿接待设施，以便引驻美术摄影等文化团体开展文创活动。

厦地村古民居分布集中，传统风貌极其完整，村落与山水田地之间完美融合，未来应逐步提升各项基础设施水平，在延续传统建造材料和技艺的同时，提高房屋内部的舒适度，辅以新功能的活化利用，必能成为美好田园山居的典范。

图文：
袁　菲　葛　亮　上海同济城市规划设计研究院

棠口古村俯瞰

福建宁德棠口古村

1. 概况

棠口古村位于福建省宁德市屏南县中部，东临白洋溪，南距屏南城关约 6 千米，省道安嵩线从村西穿过。岭下溪和白溪于棠口村前交汇成棠溪，有“涧水狂狂扑面来，两溪交泻自潆洄”的写照，独特的山水格局，为这里带来秋爽夏凉的宜居气候。村庄自宋庆元元年（1195 年）肇基，迄今已有 800 多年历史，古村以民间雕刻和木偶戏驰名。

村中至今保留着农历正月十一至十五日舞龙狮迎神的习俗，村民自制“香龙”“布龙”“青狮”“花灯”，每晚游遍各街各巷后，还进入婚喜寿庆人家庆贺，唱诗讲好话，所到人家鞭炮迎送、茶果招待，并赠送红包。

八角亭

2. 古村布局

村口水尾处有清乾隆四年（1739 年）的石坊和三层楼阁式八角亭“奎光阁”，亭顶塑有六面七层的小塔一座。亭后有建于清乾

千乘桥

分水墩与桥身

千乘桥桥身内部

隆年间（1736—1795年）的“夫人宫”和“三圣奶殿”。亭前跨棠口溪上有始建于南宋、清代重修的双跨风雨廊桥“千乘桥”。桥身南北走向，全长60余米，宽近5米，上置桥屋24间99柱，顺桥两侧设通长条凳供行人憩息，桥中设神龛，祀五显灵官大帝。桥屋为悬山顶，桥身两旁置挡风板；激流中的桥墩由花岗岩砌筑，呈船形，尖端雕刻成鸡头状，石基桥墩上承托着一左一右两个巨大的折线形木拱，每跨达27.5米，若飞虹卧波，雄伟壮观，现为全国重点文物保护单位。

千乘桥附近还有“新四军三支队六团北上抗日”纪念碑、闽屏游击队作战指挥部“林公殿”“新四军三支队六团团部旧址”，桥北堍有始建于南宋、清代重修的祥峰寺和两口龙井等。

潘美顾医院旧址

淑华女子学校旧址

淑华女子学校内廊

除了众多文物古迹和革命史迹外，村中还完整地保留着清末屏南最早的西医“潘美顾医院”和“淑华女子学校”旧址。位于龙身岗上的潘美顾医院建于 1910 年，是基督教会在屏南创办的第一个西医院，占地面积 3 余亩，原有门房、太平房、膳厅、厕所、柴房等配套建筑。医院主体建筑具有典型西洋风格，院内坪场宽阔，绿树成荫，环境清幽。旁边的棠口中学，前身是由中华圣公会创建于 1913 年的淑华女子学校。初建时设有幼儿园、初小 4 年、高小 2 年，只收女生，全部寄宿制。1925 年春，在淑华小学的基础上又创办淑华女子初级中学，成为屏南最早的中等学校。这些西洋式样的建筑大多内设壁炉，青砖砌筑、连续券廊的外观十分突出。

门环

民居屋顶

民居内部

屋脊细部

3. 建筑特色

古村濒溪，因此村内街巷坪场、矮墙花坛等，俱采用棠口溪中的河卵石砌筑，就连普通农户住宅墙基也用卵石。略考究些的富户大宅则用方石呈菱形斜砌至勒脚作为基础，石缝工整平直，美观坚固。民居大门常用条石门框，两侧门枕石不用抱鼓，鲜有雕饰，最常见的是将表面打磨成光亮平整的长方体，

街巷

供村民闲时坐在门前聊天纳凉。

清中期以前的民居，多用砖砌门屋罩面，门洞内置木门框、木门槛、木门墩，如周天麟厝、周尚黼厝等。周天麟为清乾隆元年（1736年）秀才，该厝为典型合院民居，宅前正对半月形池塘，前檐墙为中间低两边高的左右对称三段式，主入口居中，青砖罩面，三出托栱承檐，木质门框门墩；入内为天井，正房三开间，厅前设翻轩游廊；灯梁置于正堂中柱前，堂中后部置太师壁。周尚黼系周天麟之子，他的宅邸又名“日月厅”，采用了多进单院左右厅的特色布局方式，规模宏大。

4. 保护建议

棠口村不仅留存着成片的古民居、雄伟壮观的古廊桥、秀丽精致的古楼阁、多元信仰的民间庙宇，还有新中国成立前的茶厂，以及清末民初建造的近代学校、教堂、教会医院等西洋风格公共建筑群。总体而言，棠口村当前保存的历史文化遗存类型多样、各具特色、丰富多元，具有一般传统村落难以比肩的突出优势。

近年新建设活动有蚕食、破坏历史环境的完整性和风貌景观的连续性的趋势。当前应特别注重各片区之间的整合以及联系路径的强化，保护乡土聚落的整体价值。

图文：
袁　菲　葛　亮　上海同济城市规划设计研究院

竹江村全景

福建宁德竹江古村

1. 概况

福建省宁德市霞浦县沙江镇竹江古村，原名竹屿，是位于东吾洋西北海中的一座小岛，以岛上产竹、四周临水而得名。小岛面积 0.2 平方千米，形似卧虎，东高西低，自南宋始有先民登岛定居。岛上共两处澳口，传说经朱熹指点登岛开基的郑、陈二姓表兄弟定居于坐南朝北的后澳，而以捕鱼为生的张氏族人定居于东西朝向的前澳。潮涨时小岛四面环海，潮落则被富饶的浅海滩涂包围。岛上无田可耕，岛民靠捕鱼为生；明成化年间（1465—1487 年）废渔，遂以养殖海蛎为业；中华人民共和国成立后引进推广海带养殖，辄成为著名的“海带之乡”。小岛历经数百年台风大潮，岛上临海的房屋街道却从未被海水浸漫，所以当地人代代称之为“浮地”。

老街上用传统工艺制作海带干

2. 古村布局

竹江古村内多数渔民住宅格局紧凑、样式简朴，沿主街两侧成片密布。宅间巷道宽仅容一人通过，

退潮时的海面与竹江岛

民居院落

坊门

石雕装饰

巷弄

单侧设排水明沟。房屋大多用石块砌筑 0.5 米高的墙基，富裕人家做青砖空斗墙，硬山墙头曲线与折线相结合，檐下墀头部位略施白灰线脚花饰；门屋为木罩面，置两枚木门簪，耳墙前缘有时置长条立石；厅堂穿斗构架，双层屋面，前檐轩廊，室内三合土夯筑地坪；一般多为两进院落，前院天井条石满铺，对称放置石条案，后院设灶间，常凿有水井。普通人家多建土墙，并在夯土中掺入蛎壳碎片，可防海风咸潮侵蚀。村内民居屋面坡度较缓，且正厅、厢房、倒座之间均尽可能将屋面相互连接成为整体，而不是上下交互错落，屋脊也几乎无装饰，

主街

姚启圣纪念亭

屋瓦上间隔有致地摆放着砖块，用于压重，这些大抵都是为防止海风掀瓦的特别举措。

主街上每隔一段设街亭，亭内置长凳，供过客歇脚、暂避风雨，如今是村民闲时聊天的最佳场所。街口转角墙壁嵌有“颂德碑”“海鲶乡禁”等古石碑，呈现滨海渔村的历史氛围。

据统计，村内共有大小样式各异的36口明清古井，大多为4块“T”形石板拼搭而成的方形井圈，其中双井并置的“锣鼓井”还有一段神奇的传说；而一户民居后院的水井，正好开凿在后堂屋廊下墙根处，索性不做井圈，在廊道石板上开凿绳孔吊取井水，做法十分巧妙。

盘亘在村内山脚和山腰位置的双重古石寨墙，据说是明末为防倭寇侵扰而建的，如今尚存多处石基残段，掩映在茂林修竹中，沧桑古朴，别有野趣。

3. 建筑特色

竹江古村最有特色的，是亦桥亦路的“汐路桥”。建桥之前，岛民只能借助潮水搭乘渡船出行，每逢潮水退去，渡船就无法行驶。清嘉庆十六年 (1811 年) 先贤郑启昂（字志鳌）捐献巨资历时 3 年在泥泞的滩涂上建成蜿蜒 7 里(3.5 千米）的石径“汐路桥”，与西边陆地小马村相连。它是桥又不像桥，是路又不像路，涨潮时路桥被海水淹没，

蜿蜒7里的汐路桥

退潮时路桥又露出水面，方便那些退潮后仍需来往岛屿的人们，故称“汐路桥”。200年前的先民在滩涂泥泞中修建路桥，先用松树打桩，铺垫杂木草皮，然后再铺条石横竖3层，方能砌成路桥基，途经6条港道便搭起6座石桥，最高者达2.9米，其中4座有上下两层桥孔及边孔，用于排潮防潮。如今这座全长3651米、最宽处1.8米的路桥，据说是目前国内发现的最长的古代滩涂海埕石路桥，至今仍是退潮时竹江村村民唯一的外出通道。

始建于南宋的前澳天后宫，经明清时期两次扩建，现存建筑面积700多平方米，是闽东沿海地区保存完整、历史久远的天后宫古建筑。正对宫门为龙壁照墙，左右设东西辕门；宫门檐下5层斗拱，翼角飞扬；宫门向内依次为戏台、众厅、神厅、神龛，左右回廊为女房；神殿顶两处藻井呈圆形，以7层斗拱装嵌；戏台、环楼、腰壁，均有人物、花卉、飞禽、走兽、城垛等高浮雕并施油彩画；后宫还保存有乾隆年间的大小二尊“敕封护国天上圣母神位”的神牌。

后澳天后宫始建无考，明清民国时期多次重修，布局坐南朝北，依次建有照墙、戏台、中厅和妈祖殿。可惜1966年被“九·三”台风摧毁，近年得以重建。

4. 古村民俗

古村郑氏先族用山上竹子围插养殖海域时，不经意间发现竹竿上生出大量海蛎，且比蛎壳生蛎品质更好，于是将竹子每根截成3尺余长，插进滩涂中，发明并推广了“竹扦养蛎”的技艺，被认为是“中国海蛎养殖历史的活化石”。

天后宫

在滩涂上“讨小海”（抓跳跳鱼和蛤蛎、蛏子等海蚌贝类）的渔人，出行有专用的“泥橇”，俗称“木马、土板、土溜”，是一块前端略翘、整体狭长的杉木板，中有扶手，后端踩脚，前端放物，鱼筐、干粮甚至小孩都可放下。驾乘者左脚踏板，或站或跪，右脚于滩，用力后蹬，即可速滑数米，反复如此可达远途，岛民扦竹蛎苗、收获运送等都需使用此工具，目前其已被列入省级非物质文化遗产名录。

古村信奉海神妈祖，每年农历三月廿一为“妈祖神节”，届时鼓乐喧天、社戏连台，三月廿五、廿六日前澳、后澳两处天后宫分别举行“阿婆走水”活动，青壮年渔民抬着妈祖神像在街上和浅海飞跑巡

窄巷

西洋与传统装饰相结合的近代建筑

行，祈求平安丰收，当地人称之为“三月节”，往往吸引上万民众上岛观看。此外，清明海蛎祭祖、竹江海蛎宴等也都是村内独有的民俗文化。

5. 保护建议

位于东吾洋畔的竹江村，晨昏霞光瞬息万变，历史古迹人文荟萃，海岛民居古宅、古井、古巷、古街亭汇聚毗连。村内建有特色石路桥和双重石寨堡，前后澳口两座天后古宫风格迥异、雄伟壮观。更难得的是，岛民们在与时俱进的现代社会发展中依然有声有色地传承着传统渔业生产和特色海岛生活——涨潮时搭乘渡船、潮退时踏着汐路桥往来岛屿；在环岛富庶的浅海滩涂上踩着泥撬、背着鱼篓、张起扳罾“讨小海”；用岛上盛产的竹子扦插于海涂中养殖海蛎；乘着小船随着潮来潮退在迷宫般的竹竿阵中晾晒和收取海带；每年“三月节”举行传统民俗“妈祖阿婆走水庆典”，吸引万众瞩目，展现着一幅令人震撼的、鲜活的滨海渔村画卷。目前，环岛沿海建筑的改建翻建活动亟待进行有序的管控引导，建议加强对典型传统民居的修缮，维护海岛特色风貌界面，并对风貌进行整合提升，对渔业闲时的民居院落进行活化利用，使这一独特的海岛古村历史遗产绽放异彩！

图文：
袁　菲　葛　亮　上海同济城市规划设计研究院

楼坪古村整体俯瞰

福建宁德楼坪古村

古村局部

1. 概况

楼坪古村位于福建省宁德市周宁县李墩镇，四面环山，平均海拔860米，村民以张姓为主，是入闽抗击黄巢之乱名将张谨后裔于明永乐年间（1403—1424年）迁居至此，以采摘岩茹为业定居繁衍，迄今逾600年。此地本名厚洋，清雍正年间（1723—1735年）宁德知县赠“积善守法”匾，因此又名善积乡，新中国成立后改称楼坪。如今，村庄内以“八厝二楼”为代表的古民居群保存完好，北倚素有“小武夷”之称的石门山主峰，自然风光优美，人文胜景荟萃。

2. 古村布局

楼坪古村位于石门山南麓一块略平坦的不规则小山谷内。由于四周高山围合，可供建房的基地有限，楼坪村的民居排列规整而密集，公共空间相对狭小，耕地距村较远，零星菜园分布于村周坡地。

村落地处闽东与闽北交界带，曾是福建最早的古银矿区，村东仅

古村民居与石门山

巷道

古驿道

3千米的芹溪就建有宋代银矿和银场，村东南侧的“白银古道”是北宋初年由浙江、江西、闽北的矿工开辟，通往政和县洞宫村。太平天国运动爆发后，闽北茶路出口受阻，白银古道就成了清晚期闽北茶叶输入闽东，经赛岐港出口海外的“茶盐古道”，楼坪村也因之成为闽东北山区最重要的边贸集镇和商旅栖息地，由此积累下巨大的财富，得以大兴土木、重建房舍。清道光年间（1821—1850年）重修了张氏宗祠上下厅和村水尾土主庙等公共建筑，并在村核心位置建炮楼防御匪患，在古道石寨门前一侧的峭壁上用竹、木、藤悬挂石块，设滚石阵，当外敌入侵时可砍断藤条，以石砸敌。

旧时当地富户寿庆多捐资修路建亭以求积德延寿，楼坪村通往洞宫山的10千米古道上现存的4座“五里亭”正缘于那时的公益豪举。这4座路亭，有夯土墙围合的土亭、块石垒砌的石亭、纯木架板壁的木亭等，不同材质构造，均留存至今，十分难得。

建筑屋顶

建筑山墙

典型院落

大门装饰与内院

3. 建筑特色

楼坪村现存民居大多重建于晚清至民国时期，与少数清代早期以前的建筑相比，层高较高、占地较大，注重防御功能，大块条石砌成的门框极为考究。建筑通常为石砌墙基，夯土版筑泥墙，少数富户在土墙外敷白灰以求美观，历经风雨除檐下局部尚存外，大多脱落。所以民居群落的整体外观呈现较统一的黄土墙面。

民居正门多数开在院落中轴线上，由巨大的辉绿岩石精工制成门框，门上题额、门侧楹联香插、门枕石墩石槛，乃至各色装饰物件，均为整石雕凿，一气呵成、极尽考究。各户形制相似却无一雷同。门墩外侧的石框上开凿有狗洞，为求对称美观，虽左右皆有，但一真一假、左虚右实，此做法他处罕见。这些雕工惊人的石门框民居，被当地人亲切地称为“石门厝”。由于整个村庄与“石门洞天”的天然奇景交相辉映，故被赞誉为“上有石门山，下有石门厝”。

民居二楼通常存放粮食、杂物

房屋多为双层，一楼生活起居，二楼存放粮食、杂物。厅堂木架梁柱选用上等老杉木整木锯凿而成，中堂前廊做卷棚轩，月梁曲枋雕刻精细；天井地面条石满铺，檐头照壁泥塑彩绘；左右厢房窗板极尽装饰，不仅透雕圆雕窗棂极为精美，还有颇多浮雕诗词书法，彰显主人的品行家训；二层挑廊环绕，栏杆挂落垂花雀替均木雕细腻，花鸟人物、文玩八仙等各题材皆有，渔樵耕读、抚琴吹箫、游龙戏凤、状元巡游，还有经典戏文如太平有象、太白题诗、文王访贤、茂叔采莲等。

细部装饰

街巷

4. 保护建议

楼坪村传统聚落格局清晰、风貌古朴，村内主要街巷地面现为水泥铺装，应逐步予以清除，使覆盖其下的石板路面重现天日。多数古民居的利用提升空间巨大，村落附近历史文化资源丰富，村东有宋代古银矿和白银古道，北侧石门山盛产岩菇，西侧洞宫山盛产茶叶，周边特色古村落也不少，可善加统筹利用，全域协同发展。

图文：
袁　菲　葛　亮　上海同济城市规划设计研究院

浒湾古镇鸟瞰

江西抚州浒湾古镇

1. 概况

浒湾古镇隶属于抚州市金溪县，地处古金临驿道中段、抚河中游，是金溪县到抚州的必经之地。浒湾东临疏山，西望灵谷，南濒抚河，北通驿道，水陆交通十分便利。优越的地理位置，为旧时浒湾商业的繁荣奠定了坚实的基础，也促使其成为江右名镇，故浒湾素有江南“小上海”之美称。

浒湾古镇因水而生、因水而兴。旧时鄱阳湖水系是江西对外联系的主要载体，而古镇南边的抚河更是鄱阳湖水系的河运交通要道之一。抚河在此水势平缓，利于航运，故自明朝中叶起古镇一直为周边各县食盐、粮食、纸张等大宗商品的主要集散地，其木刻印书更是因便利的交通而闻名全国，不仅有“籍著中华”“藻丽嫏嬛”的美誉，还有赣东地区流传的“临川才子金溪书”的佳话。时至今日，古镇虽繁华不再，但山光水色、青砖灰瓦，仍把浒湾装点得清幽秀丽、古意盎然，行人路过都不由得驻足凝眸，细细品味一番。

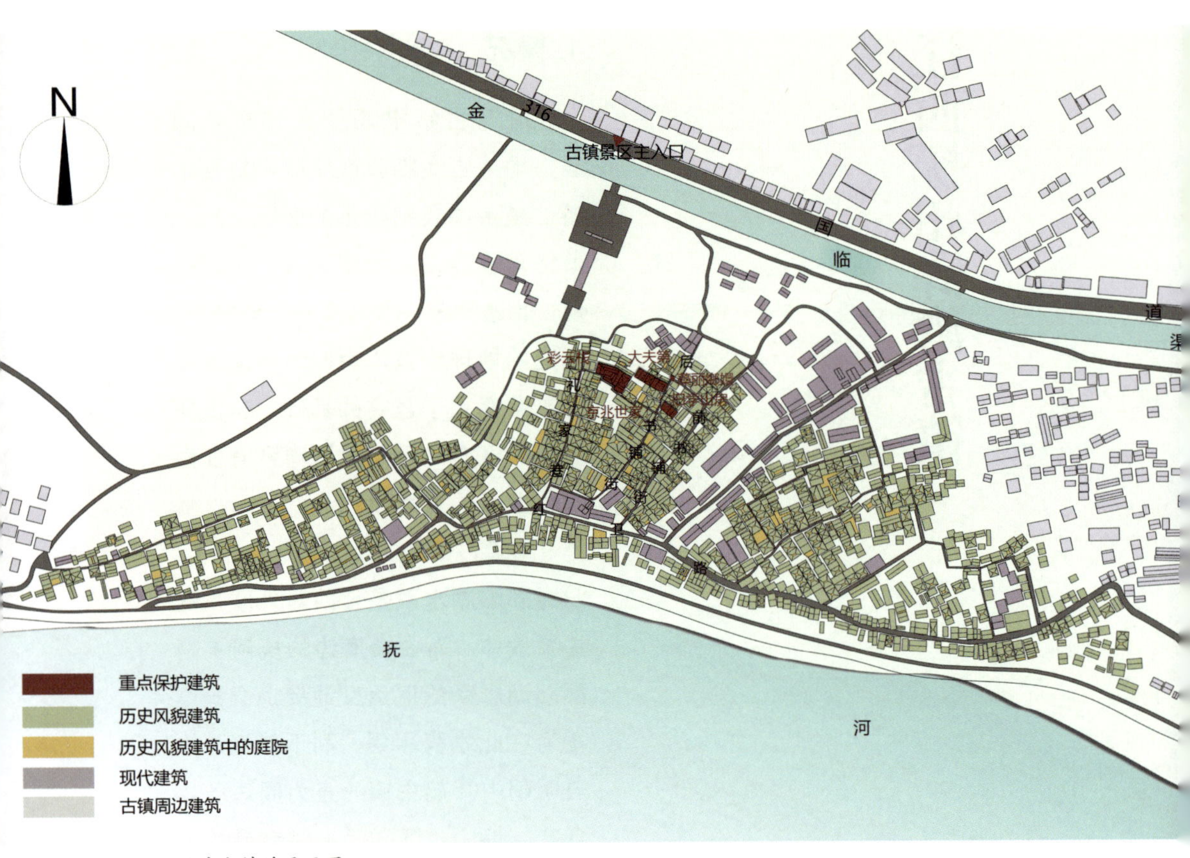
N
316
古镇景区主入口
大夫第
京兆世家
抚
河
重点保护建筑
历史风貌建筑
历史风貌建筑中的庭院
现代建筑
古镇周边建筑

浒湾古镇总平面图

前书铺街组图

2. 古镇布局

连接前、后书铺街的巷道

古镇沿抚河呈东西向带状分布，由数十条长短不一的街巷组成，其中最有名的当属前书铺街、后书铺街和礼家巷，且此 3 条街巷自东向西相互平行又相互联系。前书铺街较长，超过 200 米，有店铺及民居 31 栋，街口有石拱门，上嵌“籍著中华”横方石匾。后书铺街则相对短些，只有 170 米，店铺及住屋 16 栋，街口也有石拱门，上书“藻丽嫏嬛”4 字。前、后书铺街的店铺、作坊多为首尾衔接，前后相通，若铺面在前书铺街，则其后门设于后书铺街；若铺面在后书铺街，其后门就必定开在前书铺街，如此设置既方便来往，又便于书店前后的信息传递。总体而言，前书铺街多为铺面显得开敞，后书铺街多为高墙稍显封闭，如此一前一后，一虚一实，相得益彰。在两条街的中间有一条连接两条街道的“楼仔巷”，巷内设有“更楼”，是过去为印刷工人报更计时而设。礼家巷位于后书铺街的西侧，巷内多为民居，且相较于前、后书铺街更低调含蓄。浒湾古镇虽经历了不同时期的变化，但至今仍保留有当年的格局，大量保存完好的历史建筑群，见证了浒湾古镇昔日的繁荣。

协盛厂砖墙

旧学山房

3. 建筑特色

浒湾古镇是赣派建筑的代表，也是江右文化的物质空间载体。建筑多为民居，一般采用穿斗式木结构、上下堂形制。建筑外墙采用空斗砖墙并高出屋面呈封闭状，山墙面为封火墙，但形式各有不同，民居入口多向内凹进，且装饰丰富，建筑内部以天井为中心，各房间围绕天井布置。浒湾古镇的这种建筑形态在抚河流域较为常见，作为该地区的典型代表，具有其特殊的价值。

（1）旧学山房

旧学山房是晚清举人谢甘盘所创筑，现为中国印刷博物馆浒湾分馆。建筑一层采用前店后厂的形式，二层作为居住使用，是民居与作坊二合一的典型。主入口位于前书铺街，用木质挑枋挑出瓦顶做成垂花

后书铺街组图

样式，进入主入口后，映入眼帘的是左右两个分设进出的门，且右边门梁石薄于左边，寓意为人由右边门进入习得知识后从左边门出。

（2）大夫第

大夫第建于清代早期，位于后书铺街上。建筑入口采用浒湾镇典型的凹进式，院落内部为青石铺地，两侧为木结构高大屋舍，并清一色采用拼花门壁，但目前门罩破损严重。

大夫第

（3）京兆世家

京兆世家为清末民初所建，京兆府一般指古长安，即今西安。该族祖居长安，清代晚期迁入浒湾，总门额书京兆世家寓不忘先辈故土之意。目前建筑整体格局和主要构件保存良好，但门罩残缺严重。

（4）彩云栈

彩云栈为丁姓人家所开的染纸作坊。民国时期，古镇印刷业没落后，染纸成为其主要的产业，丁姓人家收购临川周边的毛边纸并将其

京兆世家入口

书有“藻丽嫏嬛”的石拱门

彩云栈

加工染色为彩纸后，装船经抚河入鄱阳湖，再经长江销往鄂皖各地，供不应求。

（5）藻丽嫏嬛

“藻丽”，指华丽的文辞；“嫏嬛”，汉族传说中天帝藏书的地方，寓意书铺街为珍藏书籍之所。书有“藻丽嫏嬛”的石拱门整体保存良好，但墙面粉刷早已脱落，且有部分墙体开裂。

4. 非物质文化遗产

浒湾油面是金溪县的传统美食，民间俗称为挂面、寿面、龙须贡面等。油面历史悠久，最早于明末进入市场，并随着浒湾古镇的繁荣而声名远扬，清代时曾一度成为宫廷食品，深受达官贵人的喜爱。油面用料、制作均十分讲究，需采用优质高韧的面粉，加上精制的红薯粉等拌以芝麻油或茶油，再根据季节的不同来调制不同的配方，经过 3 次发酵，在微风中晾晒，直至晾干，整个过程需全手工制作。浒湾油面不仅味道醇香浓厚、营养丰富，还有药用功效。

1984、1985 年油面曾两次被评为江西省优质产品，1988 年还参加了在上海举办的第一届食品博览会。2010 年浒湾油面正式被列入江西省第三批非物质文化遗产名录。

5. 保护建议

浒湾作为赣东一处保存较为完整的古镇，全面展示了明代中叶至近代商贸市镇的功能布局与兴衰演变，是研究江西传统建筑、江右文化不可多得的历史古村落，具有较高的文化艺术价值。

目前，当地政府努力致力于古镇的保护，做了相关的保护规划，这在一定程度上减少了人为的破坏。但由于建筑产权、资金、人口老龄化严重等原因，古镇中的许多历史建筑仍缺乏修缮，有些甚至已局部坍塌，因此，浒湾镇未来的发展和保护仍有许多问题需要面对与解决。

图文：
赵 逵　华中科技大学建筑与城市规划学院教授
张晓莉　华中科技大学建筑与城市规划学院硕士

流坑古村落鸟瞰

江西抚州流坑古村

1. 概况

流坑古村位于江西省抚州市乐安县西南部，距县城 38 千米，距牛田镇 6 千米，总面积 3.61 平方千米。它地处粤山余脉，赣江支流的乌江水自村南经村东，绕村北再向西北流去，形成远山近水的山间盆地，钟灵毓秀，自成天地。

流坑古村初建于五代南唐升元年间（937—942 年），始属吉州之永丰县，南宋时隶属抚州之乐安县，至今已有近千年的历史，古村如今的面貌和明万历董氏族谱上的《流坑舆地图》基本相符。徐霞客曾慕名游览了流坑村，在《江右游记》中曾对流坑这样描绘："其处擐贵纵横，是为万家之市，而董氏为巨姓，有五桂坊焉。"该村是以董姓为主的血缘型村落，并以董仲舒为始祖。

2. 古村布局

流坑古村总体布局是由明代中后期的董燧规划整治的。它以人工挖掘的龙湖为界，全村分为东西两部分，以东部为主。东面房屋由南向

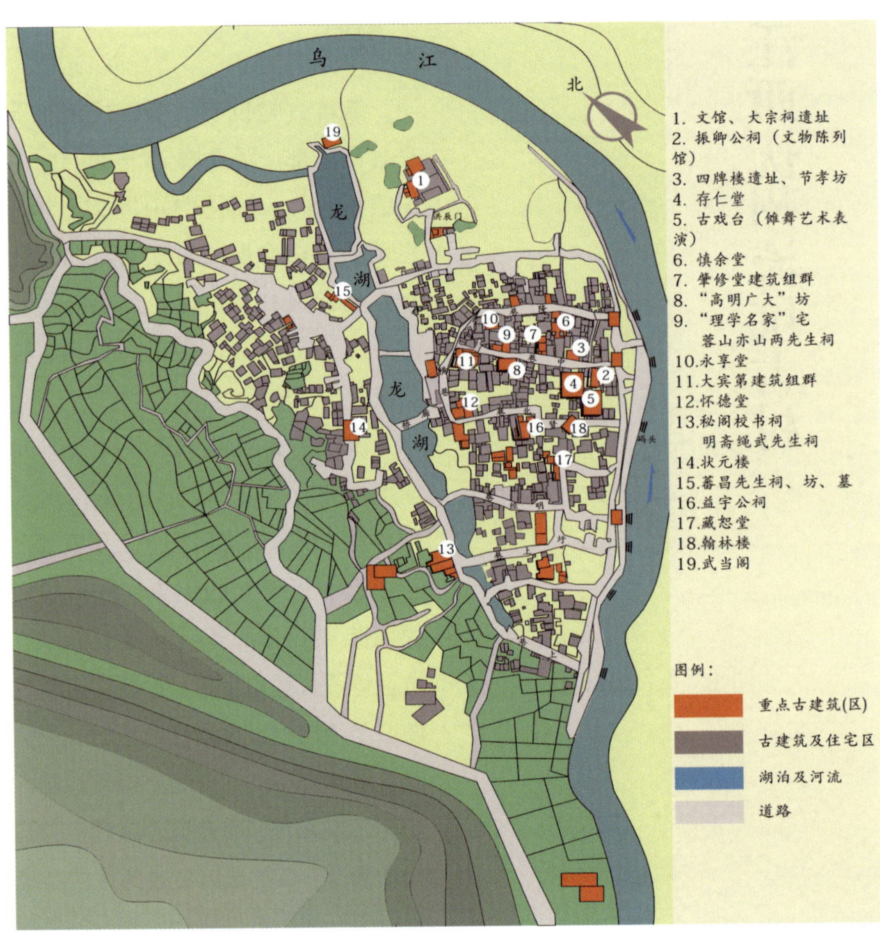
乌　江
北
龙
湖
龙
湖
洪辰门
1. 文馆、大宗祠遗址
2. 振卿公祠（文物陈列馆）
3. 四牌楼遗址、节孝坊
4. 存仁堂
5. 古戏台（傩舞艺术表演）
6. 慎余堂
7. 肇修堂建筑组群
8. "高明广大"坊
9. "理学名家"宅
蓉山亦山两先生祠
10.永享堂
11.大宾第建筑组群
12.怀德堂
13.秘阁校书祠
明斋绳武先生祠
14.状元楼
15.蕃昌先生祠、坊、墓
16.益宇公祠
17.藏恕堂
18.翰林楼
19.武当阁
图例：
重点古建筑(区)
古建筑及住宅区
湖泊及河流
道路

流坑古村落总平面图

中巷街景

北依次排开，乌江岸边7个或大或小的码头一字排开，每个巷道都有相应码头与之对应，7条巷道贯穿东西，并与西头龙湖边一条南北向的竖巷相连，形成七横一竖的梳子形状。同时，还有许多宛若蛛网的小道与其连通。各巷道均以鹅卵石铺路，斑驳凹凸，巷宽2～3.2米，并有0.3～0.4米宽的排水沟与之平行，全村之砖木结构的碉楼，用于观望敌情；而巷之西端，地势呈斜坡状，沿湖建有一条南北向的街巷，名“朝朝街”，和跨湖的廊桥一起，构成流坑村的主要集市。

3. 建筑特色

流坑古村现存500余栋各类建筑，其中明清时期的传统建筑260多处。特别是流坑村的宗祠与书院数量繁多且样式精美，这在赣南古村落中并不多见。

流坑村内宗庙祠堂排列规整有序，大宗祠、小宗祠、总祠、分祠、家庙，支派严整，谱系清晰。明万历年间（1537—1620年）村内共有26座祠堂，到清道光年间（1821—1850年）增至83座，现在仍保存有祠堂58座，宗祠均临巷而建，各条大巷

湖畔宗祠

克绳祖武祠堂

高明广大坊

首尾修建了巷门望楼，全族大宗祠则建在村北之陌兰洲，其余庙宇建筑则大多建在村外。街之北端为棋盘街，南北两侧相对而立着五桂坊和锦衣坊。名闻遐迩的状元楼矗立在 7 条巷道的西侧。村中还有一条宽仅尺余的小巷——明清巷，该巷道左右建筑分别为明、清时期建成，当地人称其为“一巷跨两朝”。

流坑的董氏对文化教育十分重视，现仍保存下来的文馆就是明代末期修建的大型书院，其他如翰林门、五桂坊、四牌楼、魁星楼等书苑多达 60 多处。著名的五桂坊是为纪念北宋流坑董氏一门 5 人同中进士而建，这一盛事当时被人赞为“五桂齐芳”。

此外，还有以血缘关系聚族而居所形成的建筑群组，如：大宾第建筑群组、星第门建筑群组、思义堂建筑群组、处仁门建筑群组，数幢建筑绵延相扣，内外结合前，造出了内外呼应交错的建筑态势。

五桂坊遗址

慎余堂宅

三星财福宅

（1）董氏大宗祠

该宗祠位于村北之陌兰州，坐北朝南，乌江从其东北面环绕而过，南面面向全村，东为林峦，西有龙湖，是流坑董氏聚居的重要见证。族谱对大宗祠有这样的描述："标坊坦道，重门翼庑，幽室崇堂，叠库层楼，肃斋净庐，绕垣绳巷，诸无弗称。"大宗祠是一个三祠一体的建筑组群，桂林祠居其左，文馆居其右，大宗祠

旌表节孝坊

祠堂则被列为中间。中祠堂是一个三进式重檐建筑，祠内设有育贤楼、敦睦堂、孝敬堂等分堂。不幸的是，该宗祠于 1927 年被孙传芳的手下烧毁，现仅存部分遗迹。

（2）状元楼

该楼位于西侧棋盘街旁，坐西向东，为本村的状元董德元所建，始建于南宋，清咸丰十年（1860 年）重修，是全村最高的标志性建筑。此楼为结构硬山式重楼，平面为正方形，前后门形成东西直通过道。二楼四周为相隔的屏风，两侧挂有“南宫策十五章贵，北阙传胪姓字先”的楹联，上悬“状元楼”大匾，从上可俯瞰整个古村。

（3）翰林楼

翰林楼位于贤伯巷东侧出口处。登楼远望，前可观顺流而下的乌江之水，后可观村中林立之屋。从楼的建造位置、设计特点来看，此楼既起到表彰董氏贤人董琰之意，又起到防御作用。

（4）武当阁

武当阁位于村北面约 1 千米处，地处流坑村水流汇合处。占地约 500 平方米，始建于明代。先后在清同治十二年（1873 年）和民国二十六年（1937 年）两次由董氏家族捐资重修，该阁将道教与佛教均融入其中。

（5）文馆

文馆始建于明代初期，又称“桂严祠”“江都书院”，位于村北陌兰洲大宗词之西，坐北朝南，是流坑村保存至今最大的一座书院。

（6）永享堂

永享堂位于隆巷西段南侧，是

明万历年间（1573—1620 年）流坑董氏名宦董懂所建，在清代曾经过大幅度修整。屋前照壁为麒麟望月图案，故永享堂又叫“麒麟厅”。

（7）理学名家

明代建筑，位于中巷中段，是流坑董氏名宦董隧（号蓉山）故居，建筑由 18 栋屋宇相连而成，门前一对圆雕红石狮子，屋门两侧并挂有楹联。

（8）大宾第建筑群

大宾第建筑群又称“村中村”，坐落于中巷西端与沙上巷相接处。该建筑群规模较大，保留较完好，占地面积约 2000 平方米，总体布局呈长方形，文化气息的浓厚显出大宾第建筑群的古雅别致。

（9）水绅山笏宅

水绅山笏宅由九德堂、资深堂、树德堂 3 栋串联的建筑群组成，坐落于村沙上巷东侧，是临龙湖而建的清代民宅。资深堂由主厅、左右次厅及厢房、庭院组成，尤为精巧华丽。

（10）屯田董公祠

屯田董公祠位于明经巷东端南侧，坐北朝南，是流坑董氏第三代祖董文肇的宗祠。始建于清康熙年间（1662—1722 年），后有重建及大修，是流坑幸存至今的最大的一座祠堂。

屯田董公祠

肇修堂天井

4. 保护建议

流坑在赣文化的滋润下，逐步形成科举书院文化、血缘宗祠文化的主要特点。除此以外，还保存了傩文化、酒文化、饮食文化及寺庙灯会、龙舟竞渡、舞龙、纸扎、赛诗、武术、轻乐吹奏等诸多极为丰富的民间文化。流坑古村于2001年6月被公布为第五批全国重点文物保护单位。2003年10月被评为首批中国历史文化名村。

虽然流坑古镇文化资源颇为丰富，但由于旅游的过度开发，使其部分古建筑受损，建议对其进行合理修缮维护，并有效控制和分配旅游资源，使"千年古村"流坑能一直存留下去。村内古树成林，溪水潺潺，是重要的资源，要协同合理规划，防止胡乱开发造成损失。

古井

图文：
赵　逵　华中科技大学建筑与城市规划学院教授
桂宇辉　华中师范大学美术学院教授
赵苒婷　华中科技大学建筑与城市规划学院本科生
杜　海　江夏经济开发区庙山管委会

竹桥村古建筑

江西抚州竹桥古村

1. 概况

竹桥古村是江西省抚州市金溪县双塘镇的一个村落，由先祖余氏及后人建成。竹桥古村距抚州市区约 50 千米，邻接古代金溪县至东乡县的交通要道。村前一溪如带缓缓而流，村口有一株可 4 人合抱的老樟树。村后竹树繁盛，俨然是一处水秀山清的古村落。

竹桥古村历史上有“三迁”之说。始迁祖余克忠，原居福建绍武兰田，任昭武统军（或称昭武校尉），五代时镇守抚州上幕镇，即今金溪。见火源山水秀丽，遂携家居于火源，至十三代余文隆迁至月塘，即今竹桥。

金溪县是古代江西的雕版印书中心，竹桥人开创了金溪雕版印书的先河，其中余钟祥在浒湾镇创办的“余大文堂”最大最早，竹桥的“养正山房”是其中的遗存之一。“养正山房”位于仲和公祠右侧，进门为一大庭院，上堂及后堂为印书之所，乾嘉时期书版盈架，直到新中国成立初期，保留的刻版被焚毁殆尽。

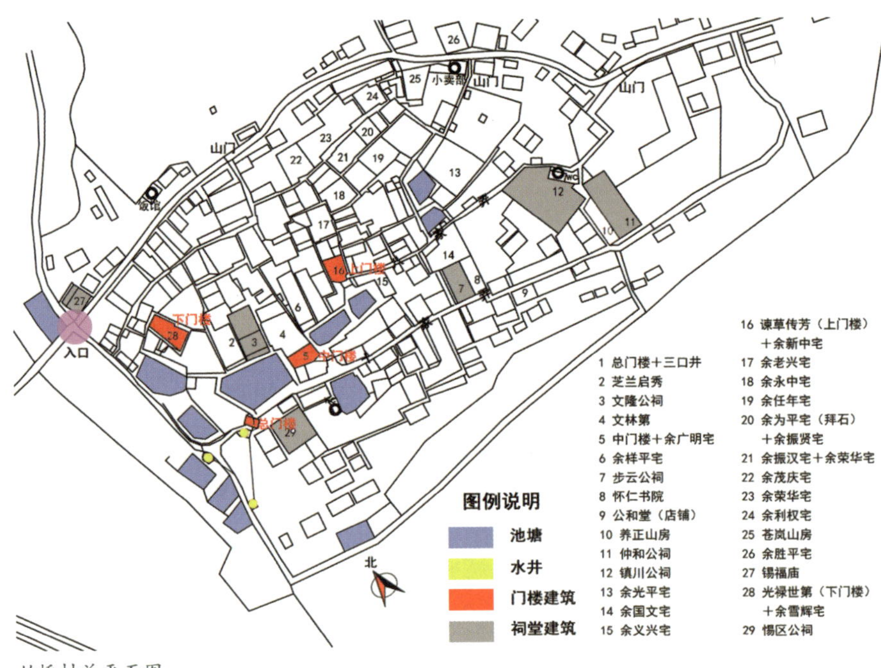

竹桥村总平面图

竹桥村“天井”“巷道”与“排水沟”

水塘

2. 古村布局

村落以崇蔺岭为朝山，黄婆岗为案山，依山就势，临水塘而建。村落有总门楼和上、中、下共 4 个门楼，总门楼始建于元末明初，村后有 3 个山门直通后山，为防范强盗、土匪而设。村内房屋幢幢相连成一个封闭的聚落，内有水塘八方，由石块砌筑，中间为一月塘，形成“七星伴月”之意向。排水沟自北向南流入八方水塘，一条东西向的直街联系十来条南北或东西向的小巷，构成村落的交通体系。

总门楼和“品”字三井

总门楼前建于清代的 3 口古井均为四方禾斛井，并点缀成“品”字形，寓含为人、为学、为商均须讲究品德，唯有品才可立天地。中门楼较为低矮，形似官帽，内外通道地面以青石板铺成“人”和“本”二字，道出了该村“家国亲和”“叶落归根”和“以人为本”的先哲之思。

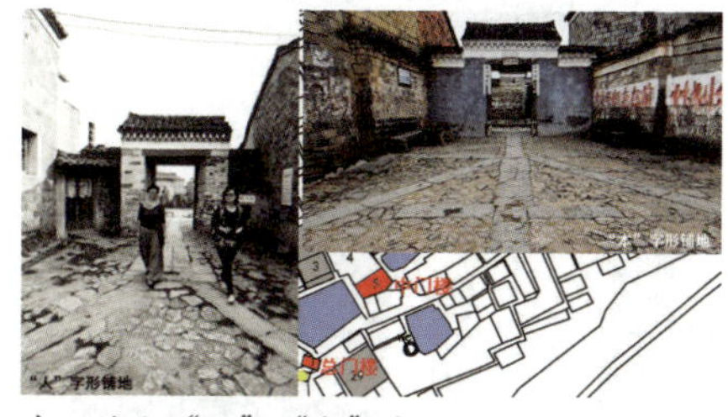

中门楼和“人”“本”字铺地

文隆公祠（左）、文林第（右）

巷道

仲和公祠 镇川公祠

仲和公祠（左）、镇川公祠（右）

养正山房与竹桥雕版印刷术

民居入口

3. 建筑特色

竹桥村有明代住宅8幢，明代祠堂1幢（文隆公祠），余皆为清代所建。其中有3组建筑群特色独具：文林第、十家弄和八家弄。建筑群中均设有3门：总门、巷门和大门，并排设置4栋或3栋相同式样的房屋，由耳门联通，雨天往来不湿脚。“文林第”有牌楼式石门，为清顺治八年（1651年）举人、山东齐东（今邹城市）知县余为霖所建。穿过古巷道往北，就能见到“十家弄”和“八家弄”两组建筑群。在整个建筑群中，间立着10余座公益性建筑，有怀仁书院、大房二房三房书院、养正山房、苍岚山房、公和堂、锡福庙等，还有6座祠堂，上、中、下3个门楼。

4. 保护建议

竹桥古村历史悠久，建筑遗存较多，尤其是保留了完整的村落格局；保留了大量的传统人文与自然景观——“远案崇蔺岭，近案黄婆岗”的总门楼，“文林第、十家弄、八家弄”三大建筑群，保存完整的雕版印书建筑等。但由于年代久远，传统建筑多有败颓，景观亦有改观。为使传统建筑及其环境得到更好的保护，并能在新时代得以“再生”，就应避免过度旅游开发，合理理顺竹桥古村落的历史渊源与特色，调动原住民的保护意识，运用当地的适宜技术与乡土历史资源，自觉加入保护的行列中，对濒危的历史建筑展开抢救性修缮，制订保护规划，切实保护古村落及周边的自然生态环境，使独特的赣东古村落及传统建筑韵味在新时代继续传承。

“谏草传芳”门楼

图文：
李久君　南昌大学建筑工程学院博士

梓源古村落鸟瞰

江西南昌梓源古村

1. 概况

梓源古村隶属于江西省南昌市安义县万埠镇，是一处熊姓血亲村落，距南昌市区约 40 千米。村前是西山梅岭山脉延端，千亩松杉竹带郁郁葱葱，村子上首和近旁各有一汪水库，澄澈潋滟，俨然是一处山清水秀、田园村舍的世外桃源。

20 世纪 30 年代以前的梓源和赣北大地上许许多多的乡土村落一样，依山枕水，聚族而居，耕读传家。但是在风雨飘摇的 30 ～ 40 年代，这个普通的小村落，作为国民党陆军上将熊式辉的家乡，却经历了“新运动”“全毁坏”“新规划”和“再建设”，从而呈现出迥异于一般乡土聚落的发展历程和村庄面貌。

从 1931 年起，熊式辉确定了“救济农村、稳定农村”的方略，创建“农村试验区”，推行“新生活”运动。1934 年 3 月在安义梓源成立“万家埠实验区”，修路建桥、兴办学堂，开始早期农村现代化

村口香樟树

探索。1939年日寇入侵安义，村民南迁。1945年日寇投降，村民回归故里，全村房屋焚毁殆尽，村民无以安身，只能搭建茅草房避风遮雨。1946年，熊式辉回乡省亲，目睹破败残状，遂亲自出面帮助贷款5亿元，请当时著名建筑设计师祴继祖对村庄重新作整体规划，由名匠里人张传梁等负责施工，建成17幢两层楼房，供当时梓源村近200名村民居住。熊式辉为回乡祭祖下榻便利，于村南上关位置建楼房1栋。1949年，国民党败退在即，金圆券大幅贬值，熊式辉抓住时机催促族人还贷，新旧折算，1幢楼房仅值铜钱24吊，折合时价银圆1块，故当地笑传梓源村是“17块银圆建起来的”。

前宅后院的新式农居

2. 古村布局

作为江西早期农村现代化建设的重要样本，梓源古村枕山拥水的选址布局、就地取材的乡土生态，体现了对传统人文科学（“风水”观）的合理继承；整齐划一的建筑排列、合理卫生的空间划分、沟渠水道的整体施工，反映了当时社会政治经济背景下，整

主街

井然有序的民居

体规划和建造的技术性和科学性。

“17 块银圆”建起的 17 幢新式农居至今保存完好，仍由当时居住的村民后裔所有，之后的建设也秩序井然：新中国成立后至 20 世纪 80 年代，村民仿造之前楼制式陆续修建的 25 幢民宅，在街东顺序排布，与乡野绵延相连。21 世纪 10 年代集中建设的新居点，在进村道路东侧整齐划一，高敞明亮，呈现新时代新农村面貌。从 20 世纪 30 年代到 21 世纪 10 年代的逐步建设，脉络清晰可读。梓源各个时期的新增建设，都采取了避开历史建筑而另外择址且集约建设的方式，一方面反映了当地对每轮发展建设的有序组织与管控得力，另一方面体现了当地对历史的尊重，对乡土的继承，对血脉的延续，这对当前的村庄发展，具有重要的示范意义。

3. 建筑特色

梓源古村的建筑与当地传统乡村建筑区别明显，其门廊柱式、阳台扶栏、青砖发券等细部做法，皆汲取了当时都市洋房的建造特色。1946 年重新规划的梓源村，虽然采用了当时主流的建筑技术，但依然遵循原先的发展脉络与礼制传统，宗祠位于村庄的中央，前有几百平方米的空旷地以便于组织各项宗族活动，内部可容纳几百人，宗祠大门上端有熊式辉手书石刻“梓源荆派”匾额。宗祠东侧为 13 幢行列式二层农居，

有序建设的新居与乡野绵延相连

熊氏宗祠

背山面水，依山就势，内部功能分区明确，有厅堂、卧室、厨房、农具间等，屋后有排水沟，汇总到街道下的总沟集中排放，其设计新颖、施工精良、排列整齐、蔚为壮观，在当时农村实属罕见。宗祠西侧为4栋前宅后院的独立农居，及其百余米外的熊式辉宅。熊式辉宅体量稍大，占地约200平方米，坐西向东，据岗埠、临溪流，直面尽览西山长岭山峰；建筑为明二暗三层级砖木结构，一层地面为西式扛棱杉木地板结构，其下空气贯通，墙体安有铸

熊式辉宅

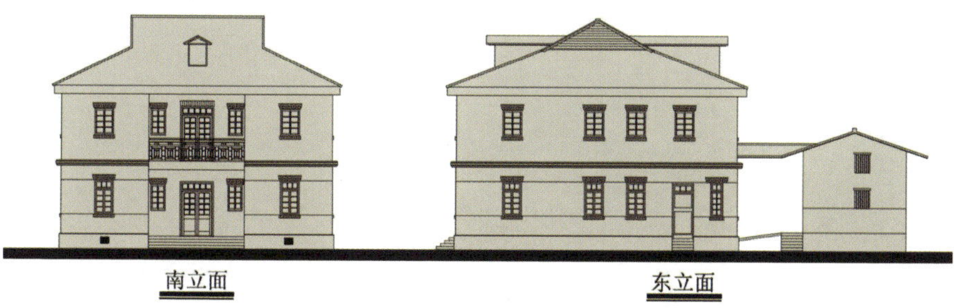

熊式辉宅测绘图

铁通风窗，木制楼梯连通上下，二楼有西式阳台，三楼设计有前后两处阁楼采光窗。自房屋建成至1949年熊氏举家迁居香港前，熊式辉曾多次返乡，即住于此，其间处理公务、宴请族人、接待来宾、与邻里对弈、叙谈皆于此屋。

4. 保护建议

梓源真实而完整地展现了当地人民抗击日寇、重建家园的坚强意志和家族凝聚的力量与精神。如今，对现存的10余幢特色民居应开展抢救维修并鼓励适度利用，对村中一般民居则应注重条件改善和环境提升，并且应严格保护村落及周边的地形地貌、山体水体、农田林地等生态敏感区域，积极利用乡土历史文化资源，促进本地文化传承、居民生活全面提升和区域的新发展。

图文：
袁　菲　葛　亮　上海同济城市规划设计研究院

长溪古村俯瞰

江西上饶长溪古村

1. 概况

长溪古村位于江西省上饶市婺源县西北部，距县城 58 千米，是一座深藏于大山中的千年古村落。村域东与古坦交界，西接林塘沙古坦村，南邻岩前，北与天宝寺下村接壤，因地理位置非常偏远，传统文化习俗受外界冲击较小，故血缘关系和地缘关系紧密，同宗一脉，姓氏多为戴姓。古村因雅致的徽式民居群落和高山红叶风光而逐渐被外人所知。深秋季节，漫山遍野的红叶层林尽染，吸引众多游客造访。古村经济来源主要依靠茶叶种植和外出务工，人均年收入不足 5 000 元，是我国中部典型的高山原生态村落。

宋时，村中庙岭后有一座宝灵殿，传说很灵验而吸引众多朝拜者，因路途不便，多有马车进出村庄，故称长溪，古称星江马源。始祖戴匡德，原居乐平，北宋淳化三年（992 年）登三科后朝拜宝灵殿，遂与父戴庐、兄戴匡举家定居于此。后其父兄迁居岩前，

老街

留戴匡德一脉在此繁衍生息。明洪武年间（1368—1398 年），戴氏家族传至第 20 代，村中人口达 600 余人。民国后期属屏山乡，新中国成立后为长溪乡，1984 年改为长溪村。长溪历史悠久，自然和人文生态景观保存较好，村口的长溪大石桥是古商道的必经之路，古时从景德镇、鄱阳湖到安徽黄山等地都要经过这里。凭借地利，村庄于清康熙年间（1662—1722 年）经济达到鼎盛，街上茶号、木材行、米店、当铺、肉铺等多达数十家，也有戴家人将生意做到景德镇、上海、广东等地，衣锦还乡后大量购买山林和良田，建居修祠，铺桥筑路，也营建了精美的徽派民居群。

民居聚落

枕河人家

2. 古村布局

长溪盘卧于崇山峻岭之中，与景德镇市交界，交通闭塞，有部分喀斯特地貌，海拔高度500米以上，年均温度为15摄氏度。古村山环水抱、层峦叠翠、倚山面河，村庄左右丘陵起伏，风景优美。婺源的四大水系之一长溪河呈“S”形依村而过，水质甘甜，河中央横卧一百吨巨石，村民称之为“将军石”；村头5棵巨枫高度超过25米，称“五虎枫”。村民深信石神与巨枫保卫长溪千年兴旺平安。长溪村庄周围还有200多棵高大的红枫，绵延数里，色彩纷呈，非常壮观。

长溪村中部有一座小山丘，名庙岭，著名的宝灵殿就位于庙岭山后。以庙岭为界，村庄分上长溪和下长溪两部分，上长溪位于东边村头，下长溪位于西边村尾，连接两村的道路由青石板铺就。古代乡村聚落有着浓厚的宗族观念，村内的重要建筑多为宗祠，比如，上村分上门、中门、下门3支，各支都树碑立传、建祠祭祖，下村也建有始祖雪寿公祠、永锡堂、忠义堂、固本堂等纪念性建筑，民居建筑则围绕各支祠堂形成组团。建筑院落依地形紧凑通融、回环往复、起承转合，形成了许多条意境深远、曲径通幽的古巷道。古村入口处长溪河上，一座大青石块铺成的石桥静卧于水面之上，石桥建于清乾隆年间（1736—1795年），迄今230多

古巷道

年历史。村中心有一座社公亭，明末期建成，亭分两进，南北开门，中间形成通道，井字形梁，是村民祈福之处，今古迹尚存。长溪地处深山，适宜耕作的农田有限，“千烟无耕牛”就是形容江西婺源地区“九山半水半庄园，只见道路不见田。”的地形地貌。蜿蜒清澈的长溪河从村边穿过，村庄周围有广袤森林和秀美山水，错落有致的马头墙勾勒出长溪民居精美的天际轮廓线，空间格局极富韵律美。

3. 建筑特色

古村院落是典型的徽派民居院落，讲究“聚族而居”，高墙封闭，坐北朝南。院落是多进式，几进院落彰显着财富的多少，大户人家的院落有里堂、外堂和后堂之分，规模最小者也是三合院式的。正房居中，中轴对称，面阔3间，中间厅堂，两侧为室。天井位于厅堂正前方，用以采光通风。天井两侧为厢房，由晚辈居住，另有耳房等作为生活杂用。古徽州民居院落讲求四水归堂、财不外流，天井中有大水缸承接汇集的雨水。这样的古民居院落在长溪约有200多座，但近年来自然和人为损坏严重，保留完整的大约有40余座。

长溪徽派建筑的主要外部特征就是粉墙黛瓦和层层叠叠的马头墙（山墙的墙顶部分，其形状酷似马头），建筑高二层或三层，高宅、深井、大厅，彰显财力与家族地位。建筑材料以砖、木、石为主，屋顶用小青瓦，构筑物

临河民居

马头墙

建筑屋顶

木雕窗棂

门雕

木门窗

和铺装材料均保持青石、麻石等天然材料的质感。门楼和门罩上的砖雕保持材料本色，不施彩漆，凸显质朴的自然美。马头形山墙左右对称，位于建筑两侧，高高耸立于屋脊，错落有致，空间丰富而生动。民居使用青砖砌筑出整齐的建筑外墙，而内部结构也奇巧多变，多使用杉木檐柱框架，梁架上木雕图案精美丰富，复杂的雀替、叉手、斜撑等构件巧妙连接，仅施桐油，自然典雅，折射出徽州人较高的文化素养。建筑装饰以砖雕、木雕、石雕为主，民居的窗户上都有精美的木雕，当地人称之为“槛门”。

4. 保护建议

长溪村是一座隐于大山深处的静谧村落，拥有得天独厚的原生态乡村美景，鳞次栉比的徽派民居与山光水色交相辉映，云烟雾霭缭绕之中处处皆景。明清时期的徽派民居聚落是研究中国中部高山乡村聚落的宝贵遗产。建议：（1）加紧申请省级、国家级历史文化名村工作，抢救性保护刻不容缓。对于价值较高的历史建筑先确定为文保单位和文保建筑，利用法律有效保护，避免人为破坏。（2）保护长溪自然山水格局与清新淡雅的静谧氛围。近年来逐步发展的旅游产业为乡村带来了可观的经济收入，但要严格保护原有空间肌理，谨慎新建商业性建筑，避免开发性破坏。（3）延续徽派建筑风格，在维修或新建民居过程中，保护徽派建筑的原真性。（4）发展绿茶经济，做好山间枫树林的保育工作，将春季采茶、秋季赏枫作为长溪的主要游赏活动。

图文：
杨　眉　西安交通大学副教授
张伏虎　西安交通大学教授
李红艳　西安交通大学副教授

湖洲古村典型古建筑群俯瞰

江西吉安湖洲古村

1. 概况

湖洲古村位于江西省吉安市峡江县水边镇，是赣中地区一处典型的古村落。古村背山面水，视野开阔，处于3条水系环绕的正中，赣江支流沂江从村前自东向西蜿蜒流过，自然生态环境优越。村口及村中主要开敞空间均栽种了樟树，体现了赣中地区村落“无樟不成村”的特点。

湖洲古村始建于北宋庆历五年（1045年），是习氏宗族的聚居地，其祖先最早可以追溯至东汉末年贵族“襄阳习氏”，后经历“永嘉之乱”，习氏家族分演出若干支脉，其中一支向南迁移至当时的临江新淦县即今天的峡江县开基建村，繁衍发展至今已近千年，如今村中人口习姓仍占绝大多数。

从行政建制和地理区位上来看，湖洲村自宋代建村以来长期属于临江军（后改为路、府）新淦县统辖，地理上位于临江、吉安的交界区域，从人文地理的视

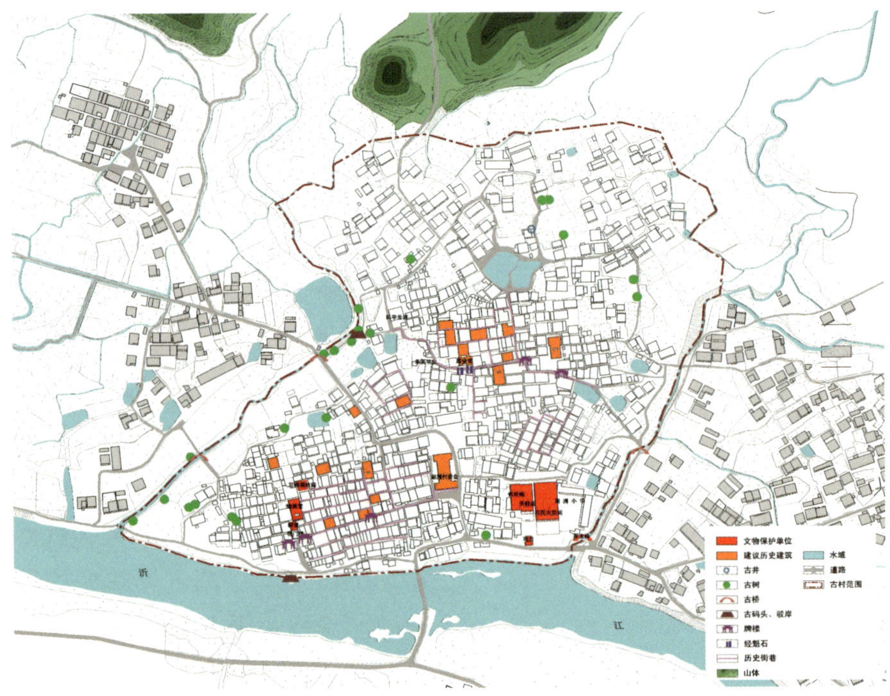

湖洲古村历史遗存现状分布图

传统支巷之一

传统支巷之二

传统支巷之三

古村主巷道之一

古村主巷道之二

角分析，村庄一直受庐陵（临川）文化的影响。庐陵（临川）文化是基于庐陵郡、临川郡发展的亚文化体系，辐射涵盖现今吉安市十余县（区），是赣文化（江右文化）的重要支柱。湖洲村在村落选址、建筑设计、宗族文化、人文性格上均体现了庐陵（临川）文化兼容并蓄、博大精深的特点。

湖洲村保存传承的优秀传统文化主要为传统手工技艺，包括省级非物质文化遗产峡江米粉制作技艺、湖洲剪纸、烤烟、竹编等，是村民赖以生存发展的主要生产技术，也为未来村落发展文化产业和村民就业提供了良好的基础。

2. 古村布局

赣中地区是我国风水“形势宗”的发源地，湖洲村的选址和营建就符合“枕山、环水、面屏”的理想风水模式，龙脉、主山、座山、案山、朝山均十分清晰，村口面对沂江明堂开敞，并且完好地保存了入村的水口林。

古村内部的建设格局规整、严谨，村中巷道走向和建筑布局的规律性很强，体现了较大规模传统聚落建设的规制，与其他规模较小的历史村落相对自由的布局不同。古村西侧花门楼、继美堂区域，格局规整，巷道村路统一呈东西走向，东西均可与村庄

典型庐陵风格传统民居建筑

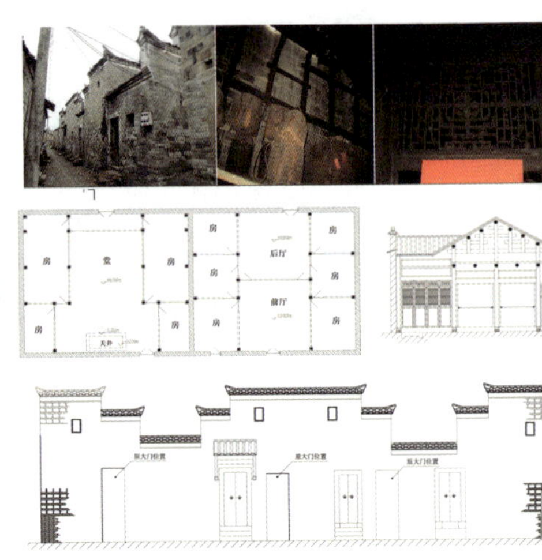

典型建筑测绘图

的大路相连，交通便捷。在村落的主要街巷之间，都有南北向的次巷相通，次巷最窄的仅宽1米，只能容一人通过，网格化的街巷布局对整个村落的通风采光起到了至关重要的作用，同时利用窄街巷组织交通能够节约占地，有利于村庄的扩展。

赣中地区多雨，降水频繁，古村布局充分考虑了环境的适应性，结合地势，不仅使巷道路网的平面布局呈一定角度的倾斜，且每条巷道旁都配有水圳沟渠，结合巷道网络构成了通畅的排水系统，体现了古村内部格局的科学性。

3. 建筑特色

湖洲村的传统建筑地域特征鲜明，主要体现了赣中地区庐陵建筑的风格，即建筑占地规模小型化；室内装饰简洁质朴；建筑形制在天井院式建筑基础上有所创新，逐步摒弃天井，形成利用天门、天窗采光的独特形式，以有别于徽派传统建筑。目前村内尚保存有大量传统建筑，其用材多就地取材，为土坯结构，特色鲜明，与古村质朴的环境相得益彰。现存的主要传统建筑为：

（1）习氏大宗祠

明代建筑，砖木结构，歇山式，进深60.8米，面阔22.2米，建筑占地面积1350平方米。现存建筑实体为清代重修，建筑为三进，中间一天井，分为前厅、中厅和后厅，现状保存较为完整，宗祠功能延续至今。

（2）文名世第宅

文名世第宅建筑群包含继美堂、榜堂和门楼，始建于北宋元

特色窗棂

习氏大宗祠

大宗祠内部空间

习氏大宗祠门楼

丰八年（1085 年），初建时为木结构，元皇庆二年（1313 年）重修并有所扩建，明成化十九年（1483 年）第二次重修，改木结构为砖石结构，品字形双层楼檐，楼檐均为砖雕，门楣上书“文名世第”4 字，是湖洲村宗族文化延续的重要纪念性建筑。

（3）天府庙

天府庙位于沂江边，清代建筑，砖木结构，歇山式，南北向，

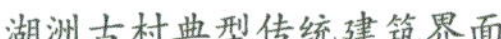

湖洲古村典型传统建筑界面

反映风水内涵的门头雕刻

面阔 8 米，进深 13.4 米，一井二进。右楼阁置一大铁钟，重达千斤。

（4）湖洲村古民居建筑群

多为清末民初时期建造，砖木结构，大厅两侧次间大多设格扇，格扇又分格芯、涤环板和裙板 3 部分，格芯多以各种雕刻图形组成，透雕、浮雕、镂雕等各种手法兼用，图形纹理清晰，栩栩如生。

4. 保护建议

（1）该村是第六批国家历史文化名村，当务之急在于抢救性保护，修缮古村中已经受损严重甚至濒临倾毁的文物建筑和传统建筑。要利用原有材料、原有工艺来进行修补，切忌大拆大建或借恢复之名建设“假古董”。应编制文保单位的保护专项规划，科学指导保护修缮。

（2）对于古村格局和整体风貌进行保护，应突出保护古村“三水环绕”的山水格局特征。古村内部要重点控制新建民居建筑的高度和风格，保持与古村传统风貌的协调。

（3）古村内的基础设施应进行整体性完善，上下水、电力、通信等管线系统铺设入地，在协调风貌的前提下，优化基础设施，改善村民的居住生活条件。

（4）在加强保护的同时，要促进村民增收，发展依托古村落文化的文化旅游产业，使古村落和居住生活其中的人共同繁荣发展，避免沦为空壳景区，丧失村落固有的文化内涵和生机。

图文：
杨　开　中国城市规划设计研究院
参与调研人员：
钱　川　张　帆　郝之颖　赵　霞　宋增文等

何君古村整体风貌

江西吉安何君古村

1. 概况

何君古村位于江西省吉安市峡江县县城西侧，至今已有千年的建村史，以吴姓为主，北宋景德年间（1004—1007 年），太医博士、轻车都尉吴铁镜与其子太医院院正吴杏林，自江西永丰县肇基于何君村，吴铁镜遂为古村的吴氏始祖，伫立于村中的吴氏大宗祠和祖坟，见证了何君村历史脉络与宗族文化的延续。

古村中一条清溪（赣江支流）自西向东蜿蜒穿过，溪流两侧绿树成荫，环境优美。村内分布有大量的古樟树、古银杏树，十分茂盛，与古村建筑环境融为一体。距离古村以南 2 千米，是以道文化闻名的玉笥山风景区，与古村形成了紧密的文化联系，《玉笥山传说》已列入江西省非物质文化遗产保护名录。

何君村是道文化的重要传承地，何君村及玉笥山（道教名山）是道家三十六小洞天，七十二福地体系之第十七洞天，第九福地。

玉笥山文化的传统习俗

洞天福地之说大约出现于东晋，而定型于唐代，是指一组人迹罕至、景色秀丽的山川或岛屿，被道家认为是神仙的居所，因此也是道教徒修炼的最佳场所。传说何君村的名字正是来源于道家名士何紫霄，因其在此修炼并得道成仙而得名。今天，不论是古村的整体风貌、格局形态、传统建筑以及文化习俗，都受到了道文化的影响。

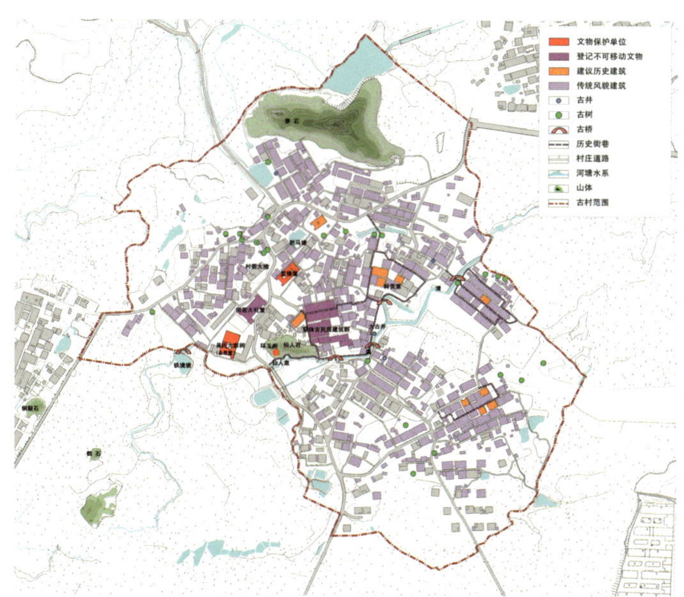

何君古村历史遗存分布图

环玉阁前盥洗的村民

2. 古村布局

何君村的山石格局特色突出，体现了道家文化特征，整体呈现“泰石为屏，仙人石镇中，鹤石呼应”格局。何君村是峡江县内唯一处喀斯特地貌的村庄，山石嶙峋奇险、洞穴曲折深邃，钟乳石笋遍生，清泉环绕，呈现出道教修炼养生的洞天福地气质。村落中央的标志性建筑——环玉阁，坐落于仙人石之上，阁下的仙人泉环绕，水质清澈，是何君村体现道家仙境的一处标志性景观。古村的布局与这些山石交相辉映，形成了空间上的秩序关系，具有很高的研究价值。

古村的建筑肌理格局和村内的主体建筑多成南北偏东走向，一条东北—西南向轴线恰好联络了古村“三石”以及村中央重要的公共建筑——吴氏大宗祠和宜修堂，轴线对景在宏观上与山水

古村水系与生态环境

古村清溪环绕

相呼应，具有整体性的保护价值。

清溪穿村而过，构成了古村格局的重要景观与生态脉络，并串联了包括大祠堂、环玉阁、古民居群等建筑遗产，景色秀美。由于清溪活水长流，水质清澈，村民今天仍然依靠溪水取水、灌溉、盥洗，生活气息浓郁，呈现出一派生态和谐的村居画卷。村内部的水圳系统保存十分完整，并且现今仍在使用，古村的排水、小气候调节、灌溉给水、防火以及开放空间的组织都依托水圳系统展开，体现了传统古村内部科学布局与因地制宜的内涵。

3. 建筑特色

何君村的古建筑整体保存较好，风貌完整，包括了祠堂、楼阁、民居、手工作坊等多种类型，建设年代多为清末民初。古村的民居建筑特色鲜明，是吉泰盆地传统地域性建筑的集中体现，其结构多为木抬梁构架配以土坯砖墙，材质多因地取材，风格质朴，建筑外观没有太多的装饰，更多地体现了对当地气候与环境的适应性特征。

建筑细部之一

建筑细部之二

质朴的村居“小环境”

仙人石与仙人泉

吴氏大宗祠

大宗祠内院

（1）吴氏大宗祠

县级文物保护单位，又名永思堂，是村中的吴氏主祠，现存建筑主体为清代建筑，南北朝向，砖木结构，歇山式，面阔 23.1 米、进深 45.7 米，占地面积约 1000 平方米，建筑为三进，为前厅、中厅和后厅，中间一天井，建筑内部梁柱结构和装饰雕刻保存均十分完好，宗祠功能延续至今。

（2）环玉阁

县级文物保护单位。环玉阁原名“大成阁”，始建于明代，清乾隆三十一年（1766 年）重修，县令张九钺将其改名为“环玉阁”。位于何君村东南仙人石旁，是村中标志性建筑景观，阁体与山石水系的整体关系保存十分完好，阁前有溪水绕过，为仙人泉。仙人泉与仙人石共同构成了道家神

联体古民居

话传说的重要载体。

（3）布政厅

始建于明代早期，清晚期重修。明永乐年间（1403—1424 年）何君村进士吴飏任广东布政使时所建，原为六进院，现存二进，东西向，面阔 19.1 米、进深 30.2 米，占地面积 576 平方米。地面以青砖铺砌，木柱最大直径 162 厘米，横梁粗大，规模宏伟，整体保存完好。

（4）联体古民居建筑群

建筑群为砖木结构，位于环玉阁的东北处。建筑群每三四幢联体，共五排，总建筑面积约为 3600 平方米。建筑群特色风貌凸显了赣中传统民居的典型特征，风貌质朴典雅。其外墙、内部结构和装饰均保存较好，巷路以砾石铺砌，排水沟深而坡度大，建筑与街巷的关系清晰，肌理特色鲜明。

联体古民居建筑群巷道

古池塘

4. 保护建议

何君村为第二批中国传统村落，利用传统村落保护的专项资金，村庄已经开展了包括传统民居修缮、基础设施改造、村庄环境整治等保护改善工程。标志性历史建筑——环玉阁面临倾塌的危险，需要抢救性保护，制订专项规划，科学指导保护修缮。

要重点保护何君古村的道文化特殊空间格局与景观体系，包括反映道家洞天福地仙境特色的山石格局、水系格局和重要历史建筑与景观环境，对村中祠堂、阁楼、水塘等重要节点应进行保护、修缮，强化节点空间的纪念性意义。应强化清溪水系的治理以及两岸生态环境与空间景观的保护，因为清溪不仅是村落的景观主轴，并且承担着村落日常的生活生产职能，溪水两岸同时也是村民游憩休闲的重要场所。同时，村庄中的水系、植被、小桥、古井等要素共同形成了一种极具特色的“小环境”，其质朴优美并富于田园气息，构成了一个完整的景观系统，未来应保护其原生态的特质，避免过度的人工开发。

在保护的基础上，未来可利用何君村的历史文化、生态资源优势和交通区位的便利性，积极发展文化旅游业，充分展示传统古村落真实的价值特色，带动村庄根植于本土的特色产业发展，提高村民收入，改善村居环境。

图文：
杨　开　中国城市规划设计研究院
参与调研人员：
钱　川　张　帆　郝之颖　赵　霞　周　辉等

曾家古村落鸟瞰

江西贵溪曾家古村

1. 概况

曾家古村位于江西省贵溪市耳口乡，始建于清乾隆三十至五十年间（1765—1785 年）。古村以“务义港曾家清代建筑群”为其特色。据《武城曾氏重修族谱》记载，“务义港曾氏”源自山东省济南府嘉祥县南 20 千米的南武山西元寨，战国时期南迁至湖南长沙，后迁至江西庐陵（今吉安），再后由曾先公（其有子曾柏仕、曾云仕、曾在仕）迁往贵溪县南约 50 千米处的耳口乡务义港村。作为首批江西省级历史文化名村，曾家古村落背依云台山，前临泸溪河（又名务义港），依山势、沿驳岸地带建设，风貌较为完整，是赣东地域优秀历史文化的见证。

2. 古村布局

曾家古村落以宗祠为民众信仰与聚落空间的核心，并以此奠定了整个村落的格局。三大曾氏公祠位于村西部入口处，是古村落的滥觞，也是古村落的中枢。

曾家古村落全景

古村落中颇具地域风情的传统建筑沿献花形山布局，依山就势，层叠而上，间以院落连通，描绘出一幅静谧的村落山居图。综而述之，该古村落有三大特点：

（1）利用地形营造人车分流、互不干扰的道路系统

车行道（即云台山路）位于山谷，沿务义港蜿蜒东行。在第二级与第三级台地交接处形成与车行道路大致平行的南北走向的主要人行道路，其东段（即古巷道）仍有保留完好的石制栏杆与铺地。东西向顺水势设置 3 条与车行道路垂直的主要人行道路，构建出村落的基本路网结构，将村落用地划分为 7 大块：中部 4 块为主体，承载着重要的传统建筑、空间节点与历史景观；南面为曾在公（即曾在仕）祠用地；东西两翼为发展用地。在纵横向主要路网中再设置次要的人行道路，串联起特色昭著的历史建筑。

（2）接自山林的自然给排水水网体系

西北方位的献花形山既是曾家古村的背山，也为其提供了充沛的日常生活用水。古村落依山傍水，村东头和中部各有一条小溪，承接山体的自然水源，由北向南汇入务义港河。古代先祖利用山形地势与

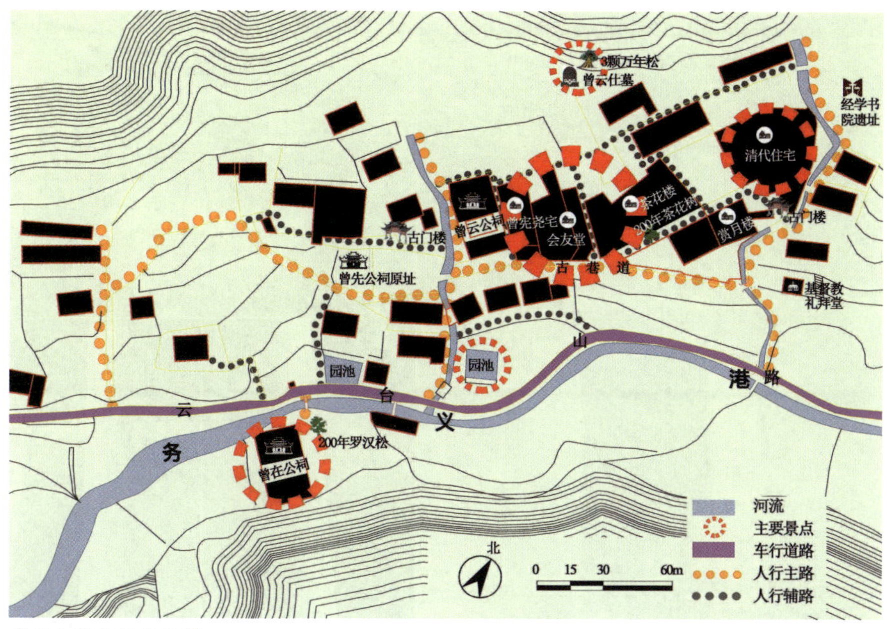

曾家古村落总平面图

古巷道与“竹笕”引水图

竹林素材，自山腰由“竹笕”引水至宅中、至务义港，蜿蜒出一片穿越层林的自然给排水水网系统。

（3）沿人行主路串联起 3 处历史景点

古村 3 处历史景点分散设置，由人行主路一线相连，即村西面入口处的曾在公祠，中部的曾云公（即曾云仕）祠、曾宪尧旧居和会友堂，东部的清代住宅建筑群；人行主路两侧各有一处景点，即曾云仕墓和 3 棵百年古松、园池景观。

曾在公祠入口、戏台藻井与石刻对联

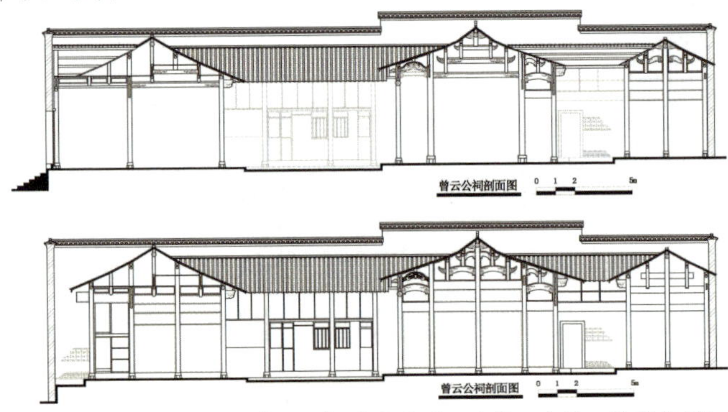

曾云公祠剖面图（王雨寒、漆皓、许骏绘制）

3. 建筑特色

（1）三大曾氏公祠

曾先公祠毁于1958年。

曾在公祠位于西部村口，云台山路与泸溪河南，处于地势的第一层级，朝向西北方位。祠堂建于清乾隆五十年（1785年），两进深五开间，中轴线上设置戏台、观厅和神堂。整座建筑古朴素雅，可用其大门上的对联“沂水长萦霜露感，春风遍拂藻苹香”来诠释；其建造与维护是一个持续更新与共生的过程，材料、技术在此过程中被“拼贴”。曾在公祠内部为木屋架结构，综合了插梁架和穿斗架两种方式，童柱与川枋交接采用的搭榀方式、川枋及纱帽的细部做法等与《鲁般营造正式》一书所载颇为一致，与北方传统建筑的差异则非常明显。

曾云公祠位于古村落地势的

曾云公祠内梁架

曾云公祠木雕

第三层级，位置最高，朝向东南方位。祠堂建于乾隆四十年（1775年），两进深五开间，中轴线上设置下厅、观厅和神堂，观厅结构为十架椽屋前后乳栿用四柱，且设置轩廊，其余的平面布局、房屋内部结构及细部构造手法等均与曾在公祠极为相似。而今祠堂后部圈养家禽，无人看管，保存状况堪忧。

（2） 茶花楼

茶花楼因院中植有一株树龄200余年的茶花树而得名。据当地人介绍，每到三四月份茶花盛开的时节，满院都弥漫着清香。建筑内部为穿斗式构架，前厅为十架椽屋，前后分心槽用七柱带前廊式样，廊部做轩棚，童柱底端处理成鹰嘴状；后厅为八架椽屋，前后分心槽用五柱后拖四架椽式样。通过“后拖几架椽法”扩展房屋的进深，满足房屋的使用要求，是当地的惯用手法。

（3）赏月楼

赏月楼因其圆月形窗洞而得名，是当地一富户为其新娶妻子而建。该楼建于山坡台地上，朝向东南，依山就势垒石而建，与环境融为一体，甚为别致。圆月形窗洞的设置不仅可供新妇回望家乡、聊解思乡之苦，也能将窗外美景尽揽眼底，还能在夏日里

赏月楼景观

民居

将凉风引入室内，与内部的天井院联通，以缓解酷暑之恼。

（4）会友堂

会友堂是当地的一幢公共建筑，位于古巷道中部，其房屋侧面设置落水管，落水口为特制的陶制构件，伸出墙外，底部掏空做落水的圆形洞口，下部接陶制落水管放置于水槽上，水槽由石材制作，通过此构件将屋面的雨水引入院内，寓意“肥水不外流”，为图吉利，各地商客均愿于此约谈见面，建筑也由此得名。

（5）“迎日而上”的68栋民宅

曾家古村住宅皆为清代所建，据载共有68栋，现存40余栋。曾家古村落大门坐北朝南，门前大路以花岗石板砌成台阶，顺古村外横向而上，此所谓民俗传统中的“迎日而上”。民宅的设计缜密有致，形成多种建筑式样：或为王府式的递进大厅，或为两厅并列的宽敞平房。封火山墙跌落与山形地势呼应，各栋房屋相连而不相通，均由小门互联互通，保证了良好的防火性能和私密要求。

4. 保护建议

曾家古村历史悠久，地理位置优越，建筑遗存较多，尤其是保留了完整且层次清晰的古代村落格局，是当今研究清代建筑群落的极好案例。

为使传统建筑及其建成环境得到更好的保护与延承，并能在新时代得以“再生”，应着重解决“钱、人、术”三方面的问题，力争在古村落中展示“见物见人见技艺”的新场景。其中“钱”是关键，管理人员应随时关注国家与省市层面对传统建筑与传统工艺的支持政策，及时聘请业内专家分析评估古村落的价值特色，积极争取相应的资金支持；通过“互联网+”推广传播古村落的“物·人·情”特色，扩大古村落的社会影响力；对从事传统建筑营造的大木工匠群体，应尊重他们的劳动成果与地域建筑技术，并培养新生代传承人，在古建筑保护实践中完善并传承地域建筑技术，切实保护好古村落及周边的建成环境。

图文：
李久君　南昌大学建筑工程学院副教授
张晓薇　南昌大学管理学院博士研究生

双桥镇鸟瞰

湖北孝感双桥古镇

1. 概况

双桥古镇位于湖北省孝感市大悟县县城以北 7 千米，东临澴水，西倚大别山，古镇因澴水而兴，自古繁荣。此地河运便利，陆路通达，人们可以航运南下经澴水入府河到武汉，也可陆路北上经三里镇、罗山县至河南。澴河边曾有 3 座码头，至新中国成立初期仍常有船舶在此停靠，古镇凭借着发达的水运和陆路交通成为当地物资集散和商贸活动的中心，曾被称为“小汉口”。古镇因有“双公双母”（公——石拱桥、母——木桥）而得名双桥古镇。

双桥镇于南北朝时期的北朝初显雏形，明末清初日渐繁荣。最早在此聚居的是刘氏家族，并建有“刘氏宗祠”，后因当地商业发展，与外界商业交流日渐频繁，“涂”“吴”“张”等姓从江西、河南等地迁入。人口迁移密切了古镇与外部的交流。因其山环水绕、四通八达的地理优势，双桥镇于 1931 年成为鄂豫皖革命根据地之一，当年红四方面军在双桥歼敌第34师，俘师长岳维峻及以下官兵5000余人，史称“双桥镇大捷”。

双桥镇因澴河兴起，曾设3座码头，船帮聚集，于南、北巷各设一处船帮住所。清康熙年间（1662—1722年），常有带帆小船停靠在此。由于货物往来，商贸繁盛，马行、柴行、鱼行、猪行、糠行（饲料）、斗行以及杂货行（瓷器和烟酒）纷纷聚集在双桥老街上，骡马、独轮车成为运输货物的主要工具。通达的水陆交通给双桥镇居民带来了多姿多彩的生活，当地大悟花鼓戏深受众人喜爱，平日还有人在涂家大院唱河南梆子戏，热闹非凡。

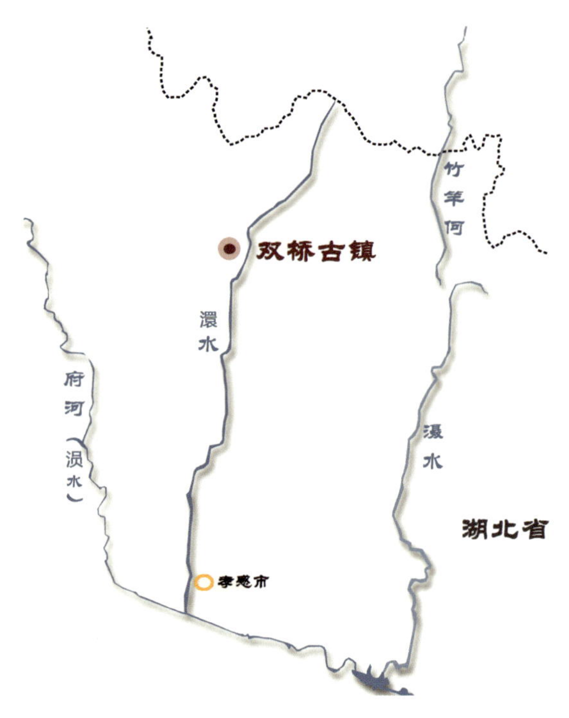

双桥古镇区位示意图

2. 古镇布局

古镇沿澴河呈线状分布，始于镇北石桥，终于南端单孔石桥，“双桥主街”贯穿其中。全街长350米，宽5米，沿街以二至三进院落的商铺为主，同时为方便路人到达河边码头，主街向东面澴河伸展出3条巷道，分别为北巷、一人巷和南巷，每条巷道长约23米，宽1.2～2.7米。其中的北巷设有双桥税所，且筑有起防御作用的碉楼。

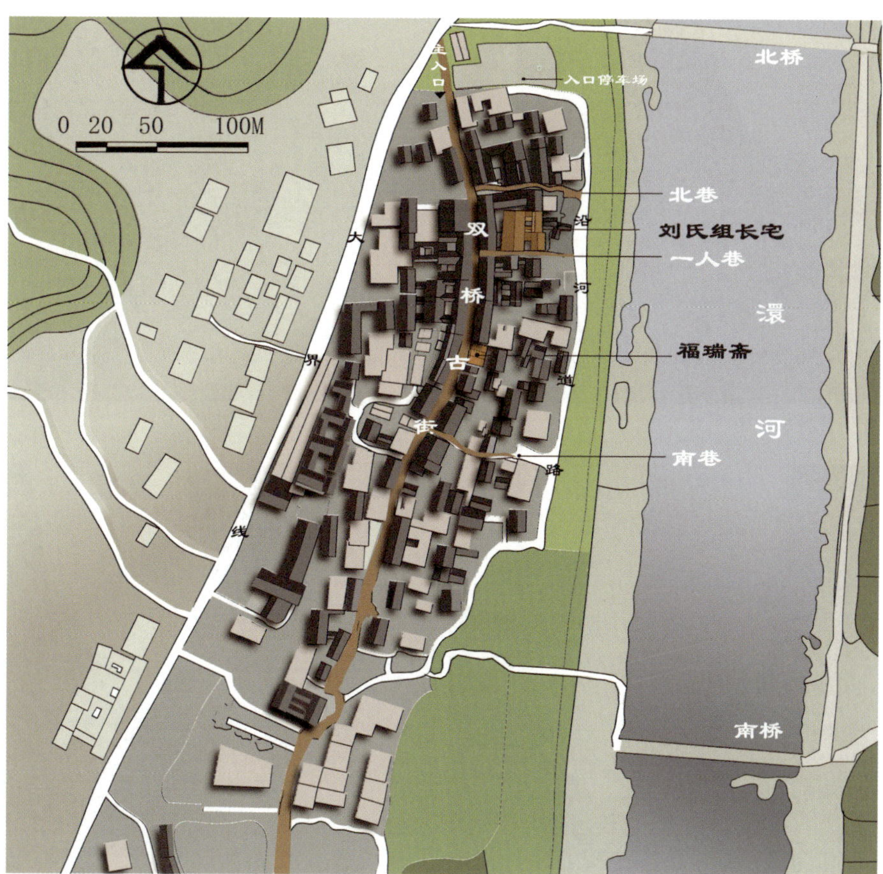

双桥古镇平面图

双桥镇街巷之一

双桥镇街巷之二

民居

北巷

双桥街商铺

双桥街商铺后院

3. 建筑特色

“双桥主街”两侧建筑多为商业与居住混合的综合性街屋，街屋各部分各司其职，可细分为仓储、前店和后坊。街屋多采用前店后宅或下店上宅式，结构多为穿斗抬梁式混合结构。

（1）门关

因双桥镇依山面水，故较注重防御系统的布置。例如：在北巷、一人巷和南巷均设有门关，夜间关闭，用大木杠销紧，南北街口设有闸门，从主街往山麓方向未设巷道，建筑山墙紧密相连，整体防御系统较完善。

（2）福瑞斋

福瑞斋为清光绪年间（1875—1908 年）建起的基督教堂，位于双桥主街中心腹地，每周信徒在此集会，人们尊称当地神父为“斋公头”。建筑内采用穿斗抬梁式混合结构，外墙为片石垒砌、白灰粉刷，现仍有居民在此举行礼拜。

（3）刘氏族长屋

穿斗抬梁混合式结构为双桥古镇的建筑特色，而刘氏族长屋为这一结构的典型代表。屋内第一、第二进均采用穿斗抬梁混合结构，为议事空间，第三进采用穿斗式结构以节省空间，供仆人

福瑞斋

双桥镇粮油交易所

使用。刘氏族长屋的木构架空间布置不仅满足了空间需求，也体现了经济性。

（4）“双桥”

清末年间，古镇曾建有桥4座，木桥、石桥各成双。木桥现已不复存在，两座单孔石桥今仅存南桥，北桥拆除后于1990年在原址重建了六孔澴河大桥。

刘氏族长屋室内

4. 保护建议

古镇作为商贸集镇，街面布局完整精致，现仍存有大量雕刻精美的建筑与构件，但古镇主街的防火间距较窄，防火疏散通道不够便捷，使得古镇木构房屋防火存在隐患。部分建筑年久失修，存在安全隐患，影响了居民的日常生活。建议在保留古镇基本风貌的基础上，加强基础设施建设。此外，古镇因码头而兴，码头又因古镇而存，二者兴衰与共，建议对码头与古镇进行整体保护，妥善修复。

图文：
赵苒婷　华中科技大学城市规划学院本科生
参与调研人员：
赵　逵　叶小舟　党一鸣

光化镇局部鸟瞰

湖北老河口光化古镇

1. 概况

老河口市位于湖北省西北部，明清时期因位于汉水东岸，为陕豫要冲，自西北往东南运输的货物多由此经过，逐渐成为重要的商业集散中心，也因此吸引各地商人定居，成为移民城市。光化古镇位于老河口市西部，西邻汉江，曾为该地区中心，今各处街道仍保留明清时期格局。

2. 古镇布局

光化古镇轮廓呈四边形，以汉水岸线渐次引入内陆，有典型的沿水生长的形态特征。古镇的主街自北往南蜿蜒伸展，次街主要为东西向，连接内陆与汉江码头。主街多为交通作用，次街主要作为汉水东岸商贸交易之所，故不同于常见的主街宽、次街窄的规律，此处作为主街的两仪街反而比集中交易场所的次街太平街窄1～3米。临街建筑多为商贸所用，寸土皆金，故街道立面连续，少有分隔的小巷弄。

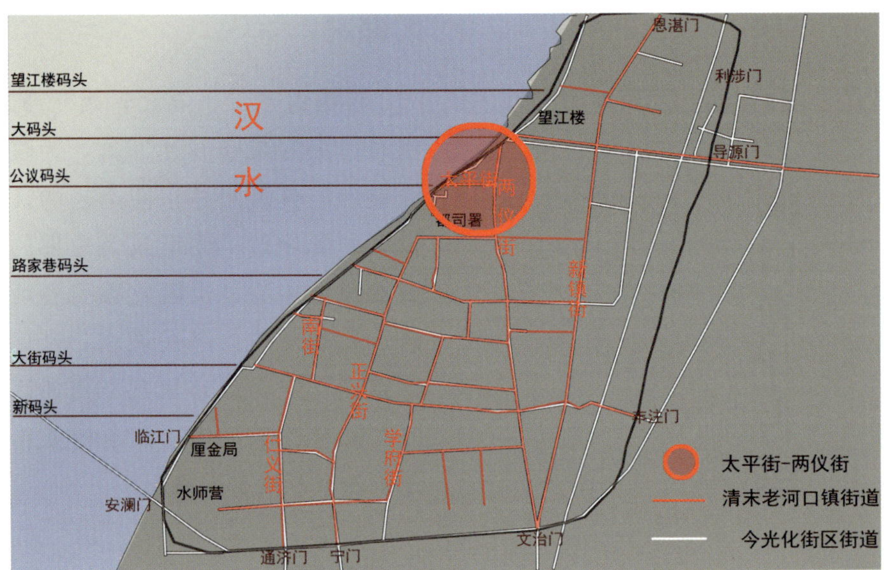

光化古镇整体街巷组织示意图

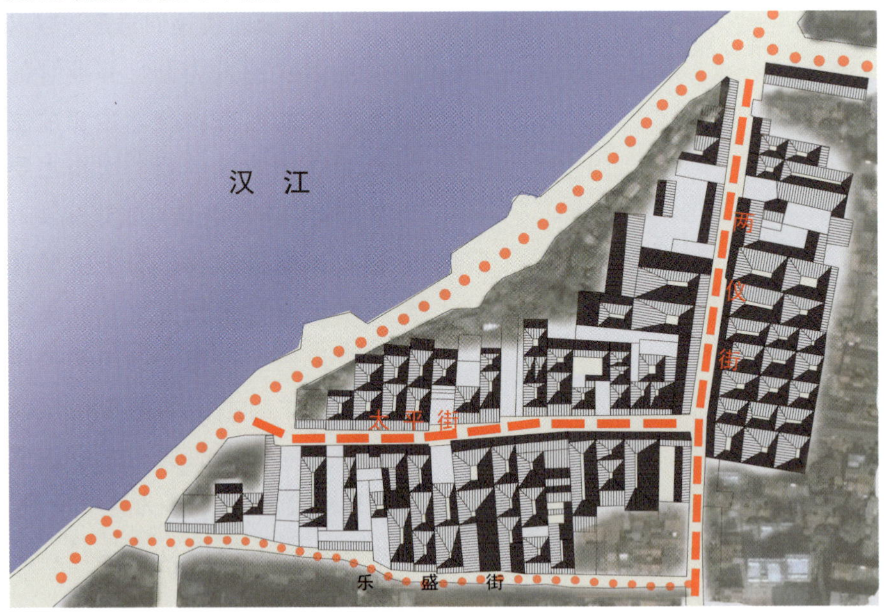

太平街历史风貌区平面图

太平街街景

太平街民居

主街为两仪街，北至汉江西侧的大码头，南至古城东南角城门，呈南北向布局，全长约 1700 米，宽 3 ～ 5 米，街道自北向南渐次往两侧伸展出次级街道，且由于这些街道多是从沿江码头连续至古镇另一侧，故横穿两仪街，与之形成交叉路口。而这些十字或是丁字路口处也常是规模较大的商铺所在，如两仪街太平街交叉口处的李家烟馆，宽至七开间，店铺正朝向太平街，成为一个醒目的节点。

次街以风貌较好的太平街为典例。太平街呈东西走向，全长 196 米，宽 6.6 米，东与两仪街相接，西至太平街码头直达汉江，两侧多为三至四进院落，南面通过几进院落直接可达乐盛街。太平街起源于商贸交易，形成于明末清初，兴盛于清代和民国，并在民国时期有所修缮，曾有著名的“十三行”，沿街多为商住两用的商铺，少有单用的民居。

丁家茶馆 老裴酒店 詹福林草席店 诚记行 火丰行 鸿昌行 万昌行 新记理发店 育康诊所 烟酒店 同合行 永兴盛 同福商号 *诚行 刘文奎烟酒店 海振邦杂货店 义文号 程华山宅寓 邬奎盛草绳铺 房家茶馆

同顺行 马有生木炭店 新发*号 源兴行 陈其家自宅 义成行 永成行 万昌栈房 李春霆茶馆 天生行 同兴福商行 ** 美*村糖果店 李鸿超宅院 *孚行 程海宽住家 久记行 源记行

民国时期太平街店铺分布图

乐盛街街景

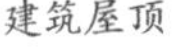

建筑屋顶

两仪街 80 号李家烟馆

3. 建筑特色

由于地处南北交会之所，古镇建筑既有典型的鄂西北民居的特征，又受到外来因素的影响而兼具南北方民居的特点。既有明清时期形成的砖木结构中国传统建筑，又含民国时期引入的西洋式砖石结构建筑，整体风格混合多样。

传统中国民居多为二层硬山阁楼式砖木穿枋结构的多组四合院式建筑，房屋进与进之间有天井，用木格扇门或木格扇板相隔。建筑面宽跨一至三开间不等，沿街多为铺面式，屋面施小青瓦，功能分布多为前店后寝。建筑群处于商业繁华区，门面珍稀，故进深较大。

民国时期修建的民居为一至二层砖石结构，风格结合中西。平面布局保留中国民居特点，仍为二进或三进院落，多为坡屋顶。由于此类建筑常为规模较大且交易不需借用街道空间的商号所有，如商行和烟馆等，故在开门的处理上不成列铺开，而是以简单的比例应用以门窗的设置。建筑立面有明显西方引入的特征，如两仪街 80 号的李家烟馆，面宽 14 米却有七开间之多，立面结合门、

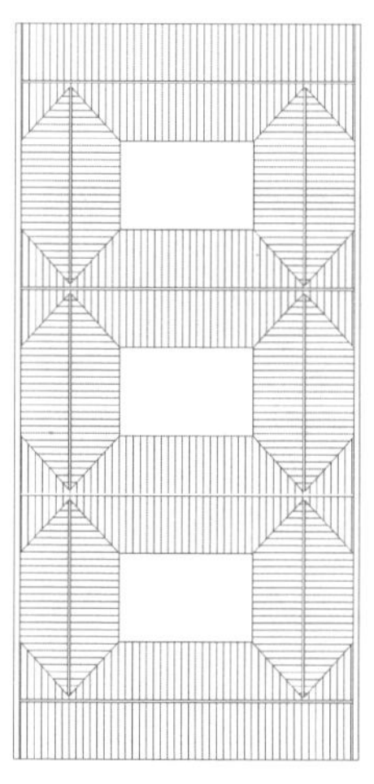
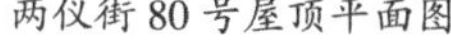

两仪街 80 号屋顶平面图

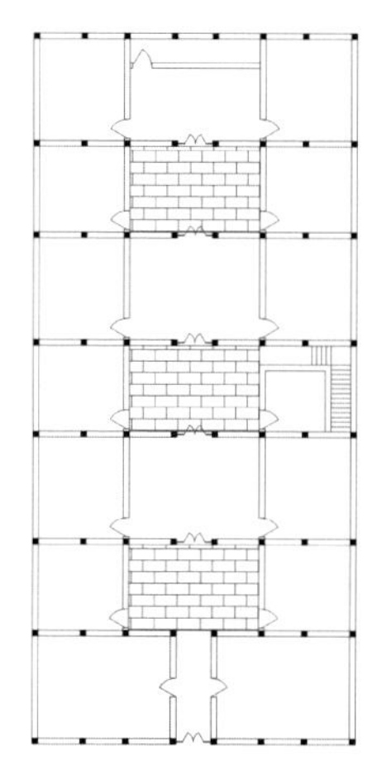

两仪街 80 号底层平面图

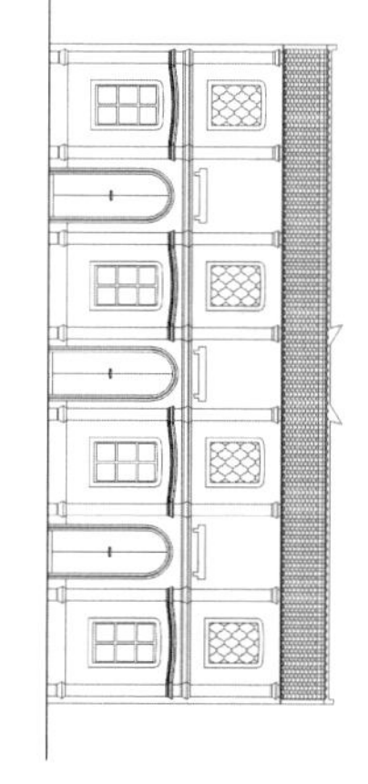

两仪街 80 号李家烟馆立面图

窗、柱等构件有简单的曲线纹理作装饰。

4. 保护建议

光化古镇因其独特的商贸文化，及基本保存完好古镇格局，具有较高的建筑价值和历史文化价值，亟须得到整体的保护。古镇基础设施不完善、房屋年久失修，以及空心化趋势，影响到了古镇的保护与发展；居民仅以使用功能为出发点的自行改造，使古镇历史风貌受到一定程度的影响，古镇的价值亟待得到政府与当地居民的认同。

图文：
刘天竹　同济大学建筑与城市规划学院
葛　亮　同济大学国家历史文化名城研究中心

程集古镇外部环境

湖北荆州程集古镇

1. 概况

程集古镇位于湖北省荆州市监利县西陲，地锁三县，位于江陵、监利、石首三地交界之处，素有“一声鸡鸣闻三县”之称。长江支流程家集河穿镇而过。独特的地理位置和便利的水路交通条件，加上江汉平原自古就是商贸盛行之处，使得历史上的程集繁荣一时，曾被誉为“小汉口”。

据当地居民流传，南宋初年，有程姓富户在此地临水处辟建石级码头开店设铺，形成集市，因此得名。明永乐年间(1403—1424年)，程集凭借着紧邻长江支流的地理优势，依靠紧邻的程家集河的水陆交通，成为繁荣异常的商埠码头，直至清初，仍是远近闻名之商埠。而后随着程家集河的废弃，商埠也就自然走向了衰败。

2. 古镇布局

现今的程集古镇老街区位于中心河的南岸，现存有程集老街

程集古镇街巷示意图

三岔街

程集老街

和三岔街，全长近900米，街道以青石板铺砌而成，沿街两侧有明清时期建筑，约有70%保存完好。老街区历史风貌保存得较为完整。

留存下来的老街区，依旧保留着最初的街道格局。街区沿河而建，与程家集河平行，自西北向东南伸展，全长约1千米。街与河的落差较大，“鲫鱼背”型青石板街有500多米，中间平，两边呈斜坡状，雨水流泻快。当地老人声称，大雨一停，穿着绣花鞋走在上面也不湿鞋。整个街区以程集老街为主体，向南越过程家集河延伸为三岔街。程集老街与三岔街之间以魏桥连接，魏桥建于明洪武十三年（1380年），为“敞肩单拱”式，是1989年文物普查时被发现的。程集古镇呈现“鱼骨式”的布局特点，以程集老街为主街，支巷作为垂直于主街的交通分支，联系着主街与河道，另一边联系着主街与沿街建筑后的地区。支巷极其狭窄，只容一人通过，不承担运输物资货物的职能，在整个街巷体系中居于非常次要的地位。主街在过去就是主要的商业空间，两边店铺林立，热闹非凡。

居民在街道稍宽敞处晒豆子

巷道

老街石板碾痕

程集老街21号程宅

3. 建筑特色

程集古镇的建筑始建于明清时期，镇内老街区目前现存沿街建筑170余栋，层数在1～3层之间，粗略统计约110余栋的建成时间在80～300年前，主要集中于程集老街两侧。

天井

古镇建筑呈现出独特的地域特色。从形制上看，古镇的建筑呈现出单幢式、院落式、天井式、天斗式和天井天斗式空间布局的多样性。而其中又以天井的设置和天斗的运用最为独特巧妙。庭院和天井的存在使得建筑在夏季能够产生通风，同时解决大进深的采光问题。而有些房屋还在天井上加盖了亮瓦小屋顶即天斗，天斗的存在使得采

保存完整的传统民居

光和通风问题得到解决的同时又为店铺提供了连续的遮蔽空间，可以容纳更多的商业功能，很好地满足了当地作为商业街区的功能需求。

老街到目前为止仍在经营着的一些店铺是几家茶馆，即使整条街道上都显得冷清之时，茶馆里却是坐满了居住于此的老人，聊天喝茶，传统的茶馆文化在这里得到了延续，茶馆或许可以说是程集古镇最令人印象深刻的街景了。

酷暑时，屋檐下及屋内却十分凉爽

4. 保护建议

程集古镇的历史街区是典型的因水运河道的地理位置而自然兴起的的融合商业与居住的线性商业街区，街道的布局形态充满因地制宜的地方特色。同时，街道上的建筑都经历了百年风霜，被较完整地保留了下来，从形制和功能排布上都体现出建筑为了适应当地气候以及实际需求而产生的特色，具有很高的历史价值。但老街区的老龄化，街区的空心化严重，建筑得不到修缮，程集古镇依旧显得寂寥冷清，所以古镇亟待寻求新的发展方向。

图文：
桂薇琳　同济大学建筑与城市规划学院
葛　亮　同济大学国家历史文化名城研究中心

贺龙、周逸群旧居

湖北荆州周老嘴古镇

1. 概况

周老嘴古镇位于湖北省荆州市监利县城北 25 千米，是一座有着约 1200 年历史的古镇，曾先后作为容城国、成都王国、华容县和监利县的治所。红色岁月里，贺龙、周逸群、段德昌、谢觉哉、柳直荀等老一辈无产阶级革命家都曾在这里进行过艰苦的革命斗争。第二次国内革命战争时期，这里是湘鄂西革命根据地的红色首府；抗日战争时期，襄南游击队将周老嘴古镇作为自己的抗日活动中心；解放战争时期，周老嘴古镇则成为中共监沔县委机关的所在地。这里曾生活着一批矢志不渝的革命者，留下了说不完的革命故事。对于中国革命，周老嘴古镇成为中国革命最好的见证。

2. 古镇布局

20 世纪 80 年代，在周老嘴古镇的北侧先后修建了德昌路、隆兴路和贺龙大道等道路。依附于

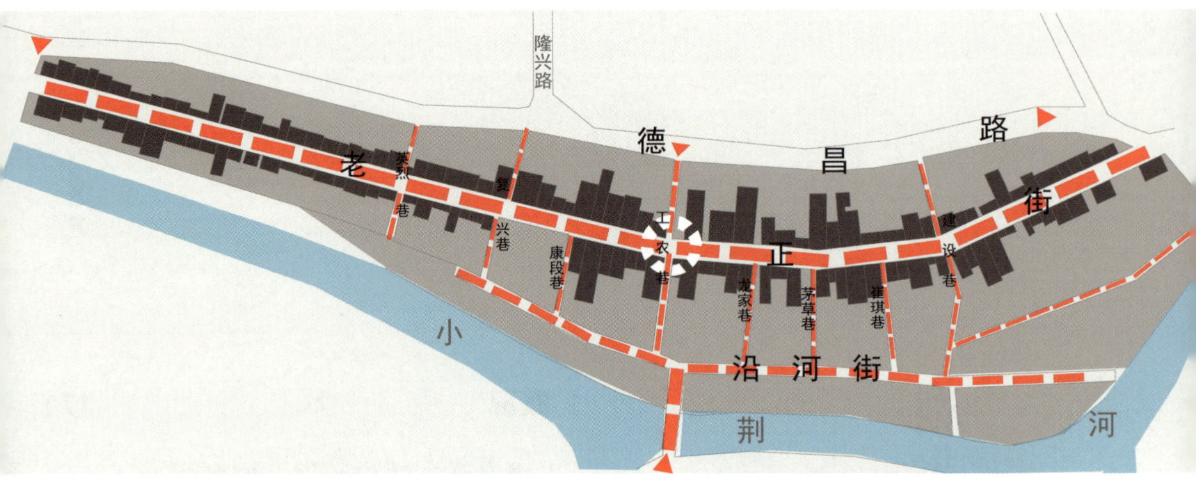

周老嘴镇街巷布局图

老正街街景

龙家巷

这些新的道路，新的城镇发展了起来，形成了新老街区并存的空间格局，并且这种格局一直延续到了今天。而今如何处理新老街区之间的关系问题已经成为周老嘴历史街区保护所要面对的重要问题。

周老嘴老镇区有老正街（主街）和沿河街（次街）两条主要的街道。两条街道主次明显，有着明确的功能划分。同时共有8条巷道与老正街相连，按照从西向东的顺序，它们分别为英烈巷、复兴巷、康段巷、工农巷、龙家巷、茅草巷、崔琪巷和建设巷。周老嘴老镇区的街巷有着非常丰富的空间层次。沿着老街曲折的流线漫步，两侧的建筑进进出出，并像波浪一样高高低低地蔓延。于是，在街巷的不同段落，周老嘴古镇向世人呈现出各种不同的街巷景色，好像是周老嘴的千面，吸引着你不断地向前再向前。当然这里的街巷不单单是一种通道，作为传统的街巷，它还兼有防御、交易、生活的功能。

何王庙

3. 建筑特色

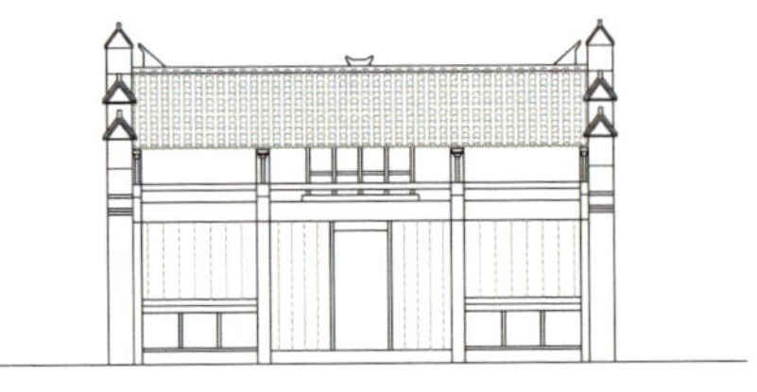

周老嘴镇典型建筑立面图

周老嘴古镇的主街老正街共有150多栋建筑，其中90%为传统风格的建筑。这些建筑多始建于明清两代和民国初年，占据了老正街大部分的街道空间。其中又以单层建筑和一层半（带阁楼）的建筑为主，二层建筑只有10%。而新建或改建建筑主要分布在主街的东西两端。

主街上建筑多为单开间、双开间及三开间，鲜有多于三开间的，开间尺寸平均为3米。主要建筑形式有天井式建筑和天斗式建筑，其建筑特色可以归纳为：小开间、大进深的平面布局；内凹的入口空间；石库门与排门相间的沿街

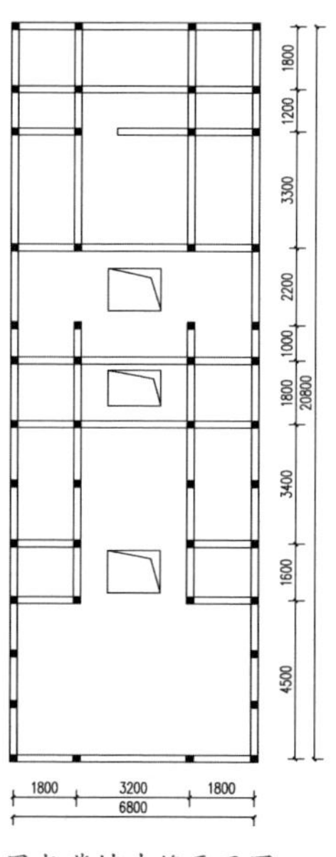

周老嘴镇建筑平面图

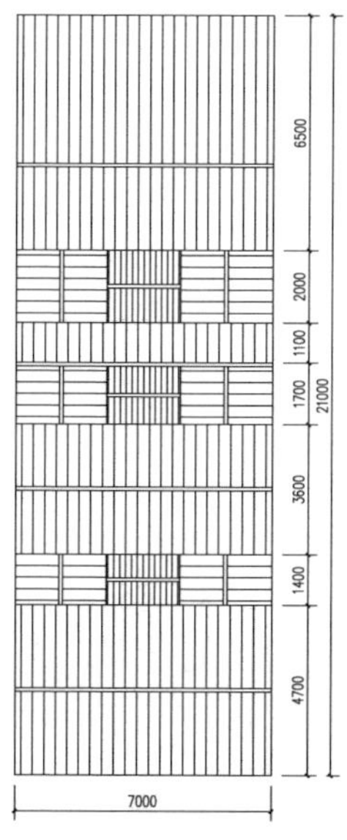

周老嘴镇建筑屋顶平面图

立面；纵深虚实变化的空间序列；富有动感的墀头等。代表性的建筑有周老嘴革命纪念馆、湘鄂西省军事委员会军医部旧址以及湘鄂西省委会旧址。

4. 保护建议

周老嘴，一个因渡而兴的湖北古镇，有着水、街相依的空间格局，以及至今400多年的明清建筑，建筑富有地方特色，有着较高的保护价值。另外，作为革命时期湘鄂西革命根据地的红色首府，周老嘴古镇是重要的革命遗址，有着重要的红色教育意义。近些年当地非常重视周老嘴古镇的保护工作，对老镇区的众多历史建筑进行了修缮，但保护和发展依然面临诸多挑战：在对历史建筑的修缮过程中基本采用了原材料和原工艺，但以马头墙为代表的单一重复滥用，致使街区面貌发生了改变，应避免因细节的缺失或夸张处理影响历史建筑承载信息的表达。此外，古镇居民的外迁致使古镇向“景区”或“博物馆”方向发展，不利于古镇生命的延续，应避免古镇空壳化。

图文：
杨　博　同济大学建筑与城市规划学院
葛　亮　同济大学国家历史文化名城研究中心

羊楼洞门楼

湖北赤壁羊楼洞古镇

1. 概况

羊楼洞古镇位于湖北省赤壁市西南30千米处，紧临京珠高速公路和京广铁路，属赤壁市赵李桥镇。古镇始建于明万历年间（1573—1619年），距今已有400多年历史，是著名的“砖茶之乡”。羊楼洞自唐代就有少数民族（瑶族）聚居于此，明代初期由于他们不纳贡不服调配，朝廷派兵镇压，烧毁整个村子，自此荒无人烟。明洪武年间（1368—1398年），在“江西填湖广”这个大的移民潮当中，雷姓家族经江西丰城到修水、半旗山、雷家桥，最后至此地，雷氏家族取名“羊楼峒”，又因此地有“石人”“凉荫”“观音”三泉，后更名“羊楼洞”。经过繁衍和发展，古镇有雷、饶、邱、游、黄、段、刘、陈八大姓氏，羊楼洞至今仍保存着这些大姓家族的古宅院。

由于得天独厚的茶叶生长环境以及江西传承来的制茶技术，经羊楼洞制作出来的茶叶味道独

雷家大屋

绣楼内部

特，逐渐受到人们关注，特别是羊楼洞青砖茶，远销海内外。在明清时期，大量晋商进入羊楼洞经营茶叶生意，羊楼洞当地人掌握制茶技术，晋商贩卖青砖茶，崇阳人负责运输。当时主要靠水运，在丰水季，茶叶先被线车帮用线车（羊楼洞运茶特有工具，单轮，一次可运五六百斤）运抵七里冲，再走七八千米旱路到达马口湾码头，顺流而下可直达长江；枯水季则用线车走十八千米旱路到达新店镇，经黄盖湖可达长江，经长江运抵汉口，再转运

线车槽印

到各沿海口岸，赤壁羊楼洞凭茶一跃为国际名镇，俗称“小汉口”，而且成为欧亚万里茶道源头。

古镇每年最热闹的日子是正月二十五的庙会。为纪念雷万春将军菩萨诞辰日，全镇人民搭台请戏班子唱戏达半月之久，庙会当天把将军庙的将军菩萨像请出庙门看戏。庙会由八大姓轮流做东主持，节目以及必备品由其他七大姓氏一起配合准备。庙会当天进行游街庆祝活动，人们抬着八张八仙桌，童男童女在上面摆出造型，在游行队伍里形成流动的小舞台，在上面分别扮演刘海砍樵、梁祝、许仙等神话故事，前后还有乐队，敲着腰鼓、吹着唢呐。在庙会游行时还会鸣放三眼铳（礼炮）。游街时当地人会喊“洞天福地、山清水秀、人杰地灵、物华天宝”的口号，共同喊完口号之后鸣铳三响。庙会游街的时候沿街家家户户点着灯笼，热闹非凡。

2. 古镇布局

羊楼洞古镇背山面水，镇北是延绵的北山，镇东南的马鞍山与南边的松峰山的山体一脉相连，处于三山环抱之间。由三泉汇集而成南北贯穿羊楼洞古镇的松峰港与东西走向的石人泉港在镇南头交汇，形成“一镇两水三山”的空间格局。古镇现存一条明清时期古街、一组清代的徽州风格

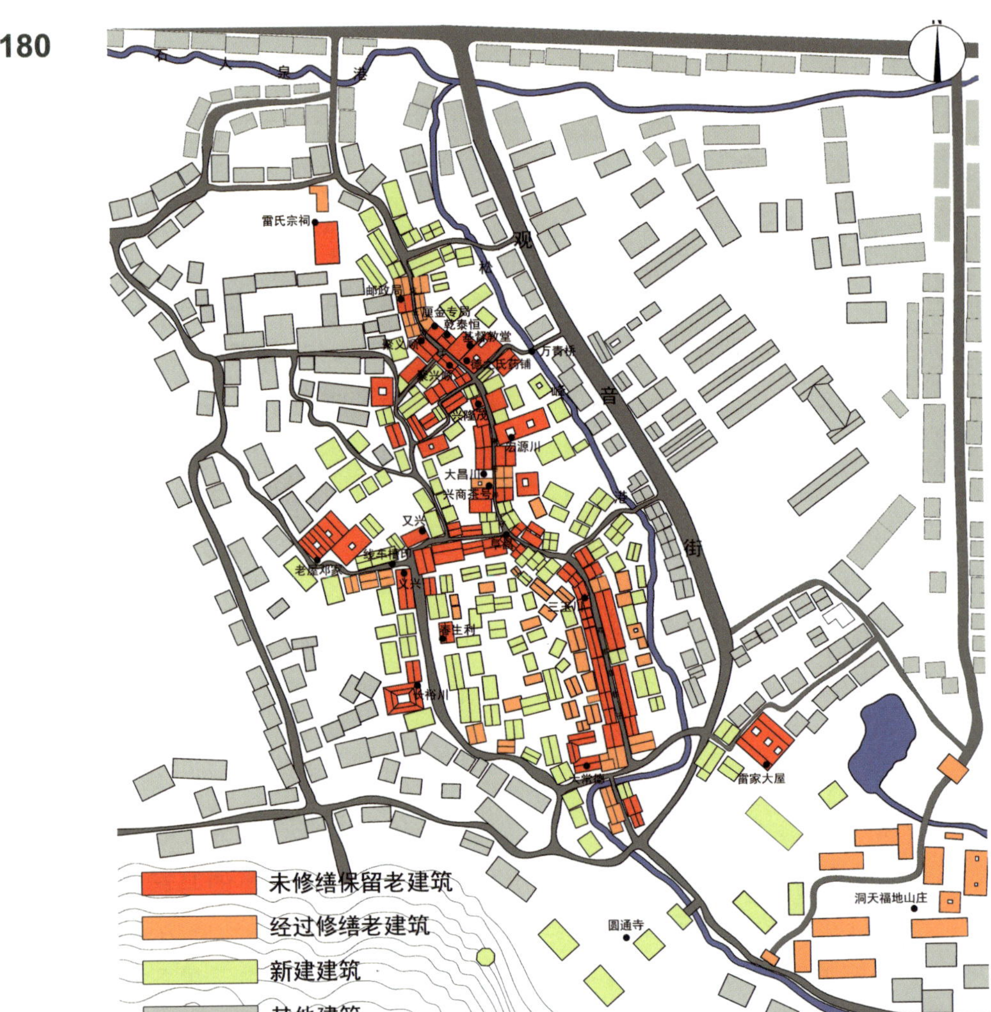
石
人
泉
港
观
松
音
峰
港
街
雷氏宗祠
邮政局
厘金专局
乾泰恒
万青桥
兴隆茂
大昌川
又兴
春生利
长裕川
雷家大屋
圆通寺
洞天福地山庄
未修缮保留老建筑
经过修缮老建筑
新建建筑
其他建筑

羊楼洞古镇总平面图

明清古街入口

上街：邓家咀巷子组图

建筑群、几座镇上大姓人家的深宅大院。内部的建筑大多都是以正厅或者堂屋为中心建筑空间形成中心突出、轴线对称的组合形式。羊楼洞古街以两条横街为分界线，分为上街头（邓家咀巷子）、中街头（朱巷弄子）、下街头（炕上弄子）。主街宽 4 ～ 5 米，长 500 米，伴有数条丁字小巷。街道两侧保留清代、民国时期的古店铺达 80 多处，宅院数十处。

中街：朱巷弄子

炕上弄子支巷

下街：炕上弄子

3. 建筑特色

（1）邓宅

庙场街邓宅位于羊楼洞古镇北侧，坐北朝南。该住宅为两进天井式住宅。两个天井均为青石板铺底。天井间的厅堂皆做成敞口形式，天井两侧布置卧室。第二进天井后堂屋悬挂匾额，是家庭聚会、接待客人之场所。两侧为厨房和库房，门楼为三开间，两层。整个住宅空间相对通透，各进之间没有隔断，保持着完整的视线通廊。

（2）熊宅

德之氏药铺亮斗

庙场街59号熊宅位于庙场街中段，属于前店后宅，从清代到民国时期一直经营药铺生意，又名“德之氏药铺”。整个熊宅共三进，第一进为药铺店面，屋面设置亮瓦采光，当年使用的药铺柜台至今仍保存完好。住宅的第二进为居住空间，中央为厅堂，顶部设有天斗，天斗形式为“五脊殿”。厅堂北侧是厨房和库房，厨房上部设有亮斗采光，厅堂南侧布置三间卧室。第三进是附属用房，在北侧有一个小天井。整栋建筑布局灵活，亮瓦、亮斗、天斗、天井同时存在，既舒适又具备一定的建筑艺术。

（3） 洞天福地山庄

在羊楼洞的东南侧有一组粉墙黛瓦的徽派建筑尤其引人注目，它是由瑾瑜书院、绣楼、仁爱堂以及一个门楼组成的建筑群，这

洞天福地山庄

绣楼

瑾瑜书院

些有三百多年历史的老宅子是从江西整体搬迁过来的。瑾瑜书院即原来的北麓书院，外墙延绵起伏，内部有三天井、四重进，第一进的八边形天斗极其精美。绣楼中间是一个带有天井的正堂和两侧的卧房组合而成的对称式的建筑，整个房间内的木梁、窗户、门扇上面的雕刻惟妙惟肖。

（4）圆通寺

原名“将军寺”，唐代为纪念平定安史之乱的功臣雷万春将军

圆通寺

而建，该寺一度于“文革”期间被拆毁，2004年重建改名“圆通寺”。经过门楼，在中轴线上分布着天王殿、大雄宝殿，重檐歇山顶层层叠起，钟楼鼓楼分立两侧，气势恢宏。右侧高处坐落着一组院落式布局的建筑群，它就是专门奉祀羊楼洞雷姓先仁忠烈将军雷万春的大殿——将军殿。

4. 保护建议

羊楼洞古镇的兴衰，是近代城市历史文化变迁的活见证。1996年蒲圻市人民政府将羊楼洞古镇列入第4批市级重点文物保护单位，2002年湖北省人民政府将其列入省级重点文物保护单位。整个古镇的保护要注重“有形建筑”和“无形文化”相结合。“有形建筑”强调的是物质实体，即古镇整体的风貌和单个古建筑的保护。“无形文化”强调的是历史形成并能继续存在和发展的具有优良品质的居住模式和生活方式，特别是当地特色的茶叶文化。二者相辅相成，使“无形”和“有形”共同构筑整个古镇的历史文化底蕴。

图文：
赵　逵　华中科技大学建筑与城市规划学院教授
马　锐　华中科技大学建筑与城市规划学院硕士

漫云村鸟瞰

湖北襄阳漫云古村

1. 概况

漫云古村位于湖北省襄阳市南漳县巡检镇东北部，距巡检镇政府所在地约33千米，邻近漳河源头，与板桥镇和肖堰镇接壤。古村呈东西走向，方圆约2.5平方千米。村落因优美的自然山水与保存完好的古民居而闻名遐迩。

漫云古村历史悠久，古称漫营。唐末曾有马姓家族在此繁衍，因其地势险要，易守难攻，马家招兵买马，修墙建寨，并妄图称霸，士卒多时漫山遍野都是营寨，漫营之名由此产生。

后来马家被朝廷绞杀，漫云村一度成为衰败荒凉之地。明末该地有难民因战乱迁入，其中包括来自肖堰镇观音岩的敖氏家族始祖——敖广万。难民从各地迁居至此，建房垦荒，繁衍子嗣，漫云村逐渐成为古代动荡社会背景之下人们避难移居的世外桃源。

2. 古村布局

漫云古村依山而建，傍水而居，

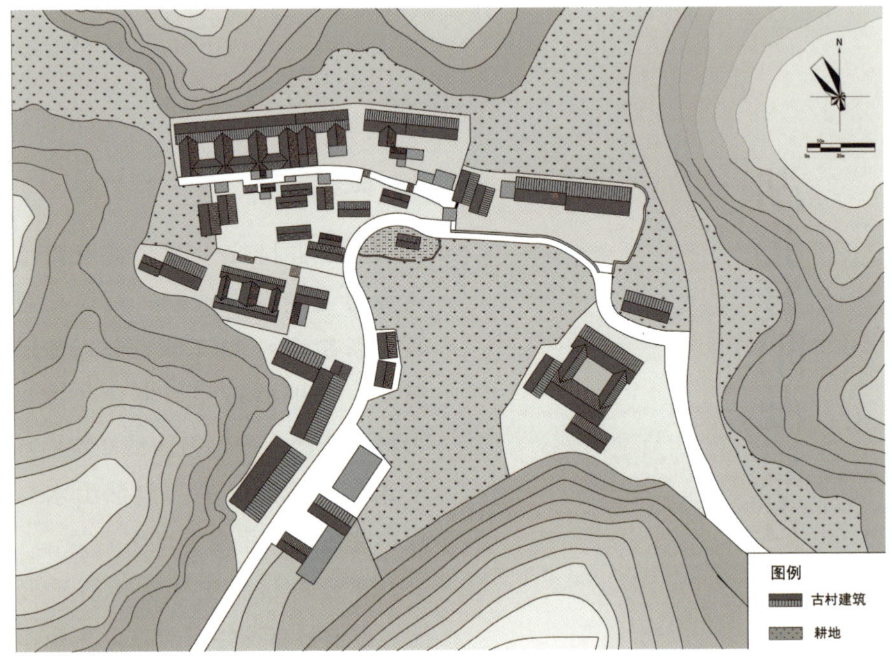

漫云村总平面图

老街

村北面为“牛山”，西面山名为“白狸龙”，南面则是“鼠山”，东面为一条溪流，山陡峭如壁，水蜿蜒如带。三山一水将村落环绕其中，体现了中国传统村落的“屏山、环水”的布局理念。

村内建筑依山脚而建，由一条东西向的环形道路连通，分南湾、中湾、西湾三部分。各建筑坐北朝南布置，但整体并不严格与死板，遇上地形限制则灵活地进行改变。村落中心区域为敖氏家祖——敖广万所建房屋，俗称“老大门”，是村落最古老的建筑，并以此为核心向周边延展成一条老街，老街青石铺就，是漫云村曾经繁荣的象征。

漫云村民居远眺

敖明贵民居外景

3. 建筑特色

古村建筑多为典型鄂西北天井院民居，具有古朴、简约、适用的特点，现较为破旧，从外表的残破痕迹可看出其所经历过的沧桑历史。

（1）敖明贵民居

敖明贵民居在古村西北角，漫云村开山鼻祖敖广万所建，距今400余年，是村内最古老的建筑，现为村民敖明贵所居。

敖明贵民居内院

建筑为一进二层天井院民居，共22间房。入口为一间厅屋，两侧厢房。厅屋后是天井院，院子较大，呈横向矩形。天井院落后

敖耀国民居外景

为堂屋，是主人会客以及起居之所，为整个建筑的核心。堂屋两侧为库房和厨房，堂屋外设楼梯，楼梯尽头的巷道与左右住房相连通，可在匪患时户户联防。

（2）敖耀国民居

敖耀国民居坐落于古街东端的鼠山脚下，年代不详，相传为一武将所居，当地人称“花屋”。

建筑主体横向布置，因地形而高低错落。主体建筑外有一圈土墙围合成院，院落入口在房屋左侧，土墙一侧为杂物间。经房屋入口后是厅屋，厅屋由两根圆形木柱支撑，配以吉祥喜庆的雕

敖耀国民居入口

敖耀国民居内院

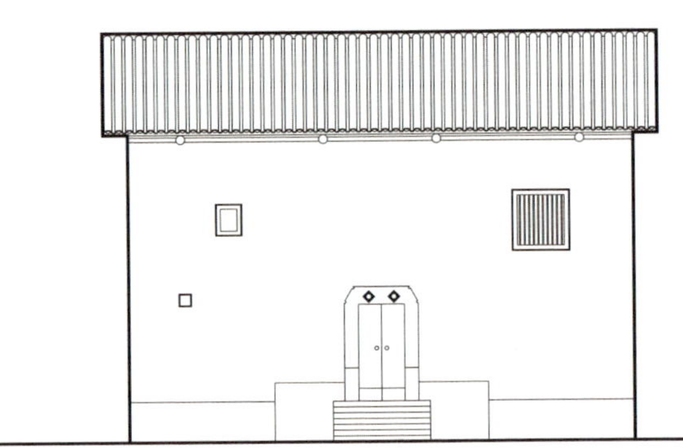
敖光政民居立面图

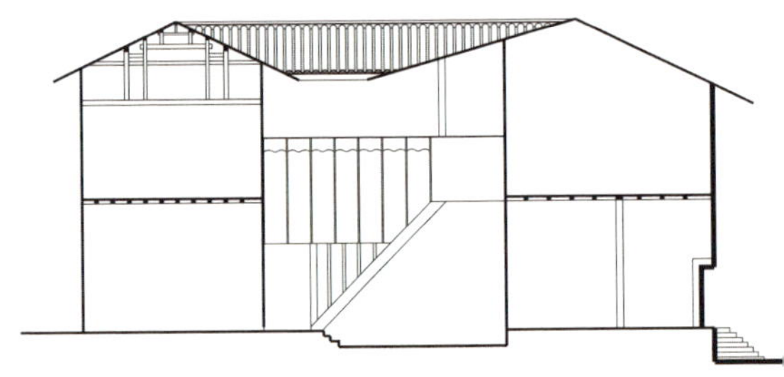
敖光政民居剖面图

饰以彰显主人的富贵身份。穿过厅屋即天井院，天井院正对堂屋，两边为厢房。

该建筑形制讲究，体量庄严。其大门外有 7 步台阶，意图吉利，台阶棱角分明，光彩如斯。台阶之上，有凸出主墙外的门楼，由青砖砌就，上有龙头飞檐，内饰雕龙画凤。木门扇上方有一对莲花状门当，颇具特色。

（3）敖光政民居

敖光政民居位于古村西南，约 200 余年历史，为一进二层天井民居。整栋呈矩形，大门

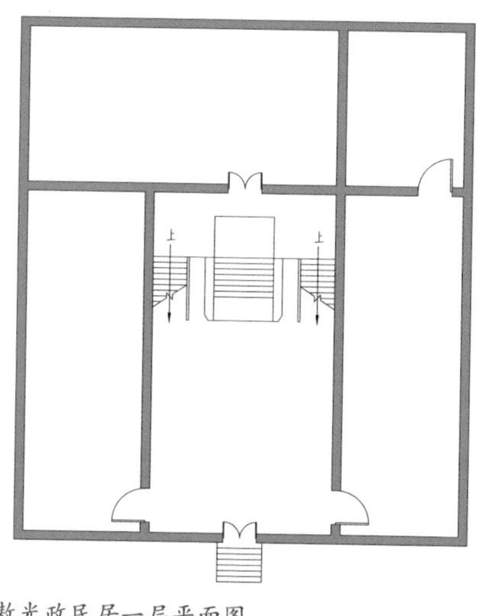

敖光政民居一层平面图

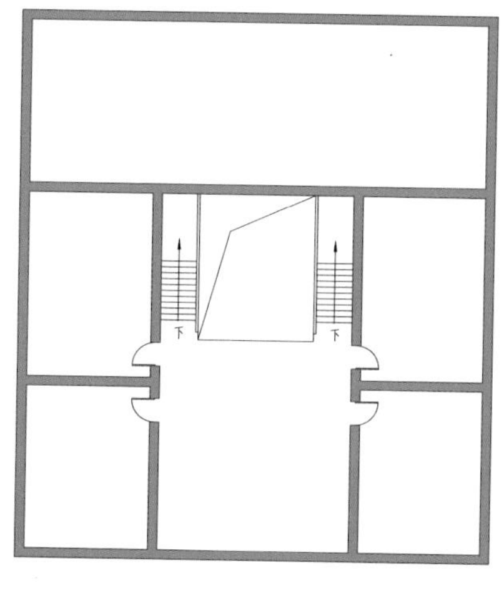

敖光政民居二层平面图

位于正中位置，门前设有7级台阶，进入内部，可见通透的阳光从狭小天井照入屋内，将屋内细致的木质结构凸显得一清二楚。民居中轴线为正堂，两侧为偏房，堂屋内设有祭祀祖宗的灵位，体现出漫云村人时刻不忘本源的淳朴品质。

4. 保护建议

因地处偏远山区，漫云村至今仍保持着原始的特色，其优美的自然山水、悠久的历史、别致的民俗民风将吸引越来越多的游客前来观赏。

现村落基本保存了原有的村落格局和传统民居，但很多建筑损毁较为严重，如墙体、屋瓦、细部装饰等均有残缺，古村缺乏系统且有效的保护和管理。鉴于此，建议当地政府能够出台保护规划以及相关的管理办法，增强当地居民对传统文化保护的理解，并指导居民对老旧建筑进行正确的维护和修缮，以切实保护好当地的文化遗产。

图文：
刘　炜　武汉理工大学土木工程与建筑学院副教授
陈仕唯　武汉理工大学土木工程与建筑学院硕士研究生

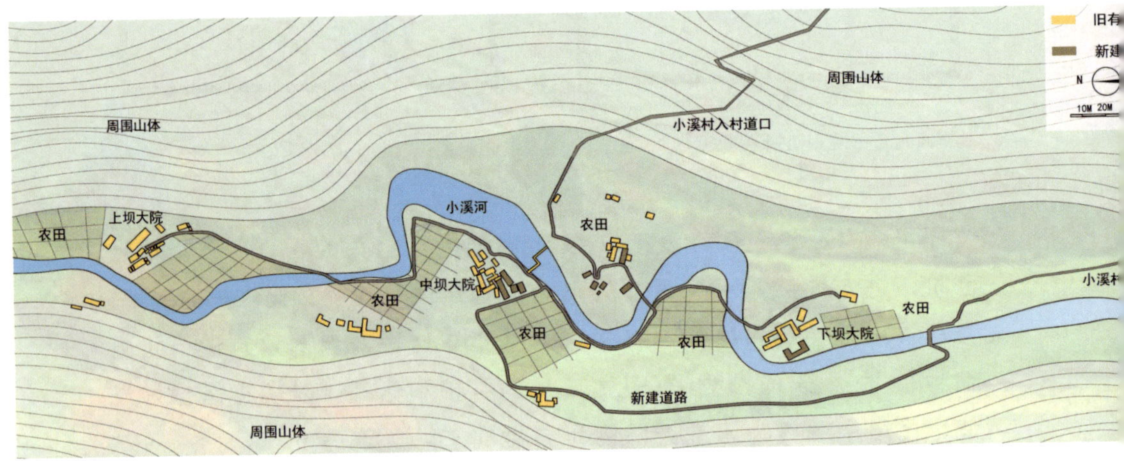
旧有
新建
N
10M 20M
周围山体
小溪村入村道口
周围山体
小溪河
农田
上坝大院
农田
中坝大院
农田
农田
农田
下坝大院
农田
新建道路
周围山体

小溪村平面图

湖北恩施小溪古村

1. 概况

小溪古村坐落于湖北省恩施市西南边陲盛家坝乡二官寨村，距恩施州城45千米。小溪河蜿蜒贯穿于整个村落，小溪古村落由此得名。该村落建筑形式为吊脚楼，全村约有75栋吊脚楼，居住着150余户人家，其中以胡姓人家居多，另外还有周、邹、罗、田等姓人家。

小溪古村是胡氏移民村落，所以小溪古村俗称胡家大院。据记载，清康熙雍正年间（1662—1735年）胡文隆为避苗乱移居恩施屯堡鸭松溪，后来其子胡枝砚落户小溪，经过近300年的发展，逐渐形成了小溪古村。小溪古村是川盐古道上的古村，川盐古道是一条源于四川东部及南部、贯穿整个中国腹地的千年运盐古道，对四川、湖北、湖南、贵州交汇地区产生了深远影响。小溪古村临近利川、咸丰，有一条入川盐道经过小溪古村，村中的落脚朝门建筑群便是这条川盐古道上的

落脚朝门

一个驿站。伴随盐业的兴盛，川盐古道促进了小溪古村经济的繁荣与发展。

2. 古村布局

小溪古村原有的村寨风貌保存较为完好。木楼青瓦的土家族民居或错落相依于竹林间，或翘脊飞檐于山腰上，或抱团簇集于开阔处。小溪河属于马鹿河流域的一条季节性河流，全长近 20 千米，流经小溪古村并最终汇入马鹿河。小溪古村以小溪河为纽带，依山临水而建，形成上坝、中坝、下坝 3 个大院吊脚楼群和河沙坝、梁子上、下河、茶园堡、三丘田等小院吊脚楼群及零星散布的单体吊脚楼，各院由几栋到十几栋不等的吊脚楼聚集而成。村间小路迂回萦绕，分别在上坝、中坝、下坝 3 处横跨小溪河，是连接各院坝的要径。整个古村布局呈现出大群居、小散居的形态。

上坝大院建筑群

中坝大院建筑群

下坝大院建筑群

3. 建筑特色

小溪古村的吊脚楼类型以单吊式和双吊式为主，结构形式为典型的木质穿斗式结构，由落地柱和骑柱直接承檩，与穿枋一起构成主要的承重框架。各构件之间采用榫卯连接，不用一钉一铆，却牢固、耐用。小溪古村的吊脚楼一般为 2 ～ 3 层，底层用于蓄养牲口或堆放杂物，2 层住人，3 层用以存放粮食及农具等杂物。吊脚楼比较古朴，没有多余的装饰，构件连接处多直接相碰，构件的加工和装配略显粗拙，呈现典型的土家族建筑特色。

（1）中坝大院

中坝大院位于小溪古村落的中心位置，与进村道路相连，在 3 个大院中规模最大，住有近 30 户人家，由 15 栋吊脚楼组成。15 栋建筑栋栋相连，沿小溪河岸依山顺势向上布置，背山面水，和谐统一。中坝大院原有三进，经过百年变迁，大院主体建筑只剩下朝门和堂屋部分残存，但三进门楼的轮廓及石块

中坝大院街巷

中坝大院堂屋

中坝大院民居

中坝大院内院

落脚朝门装饰构件木鱼

铺设的3处天井仍依稀可见，堂屋经过重新装修，目前是大院的公共活动空间。中坝大院的落脚朝门建筑群是小溪古村落的核心建筑，据记载由秀才胡永连建于清乾隆年间（1736—1795年），占地约800平方米。落脚朝门建筑呈“八字形”，左侧与一座平地起吊式吊脚楼相连，右侧与一座单吊式吊脚楼相连，中间通过十多级青石板铺成的石梯与村间小路相连。据居住于此的胡姓居民介绍，落脚朝门门体上方原有匾额，门体左右原对称地雕有一

脚楼转签子之间的木梯

对木凤凰和一对木鱼。历经百年，现在只保存有门体左侧的木鱼。木鱼雕刻精致、栩栩如生，衬托着前伸的挑枋，以承接瓦檐。中坝大院落脚朝门的对面还有一处吊脚楼群，规模比落脚朝门建筑群小很多，住有6户人家，其建筑布局呈撮箕口形式，一正两厢围合成院：厢房面阔五间，高两层，平地起吊；脚楼转签子之间用木梯上下连接，独具特色。

（2）上坝大院

上坝大院位于中坝大院上游的河流冲积区，规模比中坝大院小，

上坝大院民居

上坝大院“一”字形民居布局

住有 20 来户人家。上坝大院建筑以集中成排布置为主，仅有两处成撮箕口形式布置。平面布局以“一”字形为主，“一”字形吊脚楼，又称扁担屋，它是吊脚楼的最基本形状，开间按“一”字形排开，通常有三、五、七、九间，进深一般为三柱四骑、三柱六骑、七柱六骑等。上坝大院共有 7 栋成排布置的民居建筑，其中一栋规模很大，高二层，长 70 米，面阔九间，进深 15 米，七柱六骑，街檐下设有围栏，形成楼廊，称为龛子，小溪村民称之为签子。签子采用悬挑构造手法，吊脚楼的签子向外突出的部分由挑柱和挑枋承载，挑柱不落地，将屋檐的力经挑枋传递给柱子。挑柱下部被雕刻成

下坝大院民居

金瓜形状，整体上给人以轻灵飘逸、宁静古朴的感觉。

（3）下坝大院

下坝大院位于中坝大院下游的河流冲积区，规模也比中坝大院小，住有10来户人家。下坝大院的11栋建筑栋栋相连，布局紧凑。吊脚楼形态以撮箕口形式为主，这种形态的吊脚楼是在一字形正房的两侧加建两座厢房而成，两座厢房对称布置，呈三面围合、一面开敞的形式。撮箕口形的吊脚楼最大的特点在于正房与厢房的连接上：正房与厢房用磨角相连，在二者屋脊相交点立伞把柱承托正、厢两屋的梁枋。伞把柱是土家族吊脚楼的特色，其他地方的民居未曾出现过这种结构。

4. 保护建议

小溪古村充分展示了恩施土家、苗、侗等少数民族的建造技艺。吊脚楼不仅功能实用、形式优美，而且巧妙地处理了建筑与自然环境的关系，具有很高的历史文化价值。

小溪古村是胡姓外族迁居恩施后形成的血缘型古村，同时也是川盐古道上的古村，对研究相互融会又恪守传统的土家、苗、侗等南方少数民族干栏式建筑具有重要意义，应进一步保护古村风貌，加强对吊脚楼的保护意识。

图文：
徐　燊　华中科技大学建筑与城市规划学院副教授
张浩瑜　华中科技大学建筑与城市规划学院硕士生
赵　逵　华中科技大学建筑与城市规划学院教授

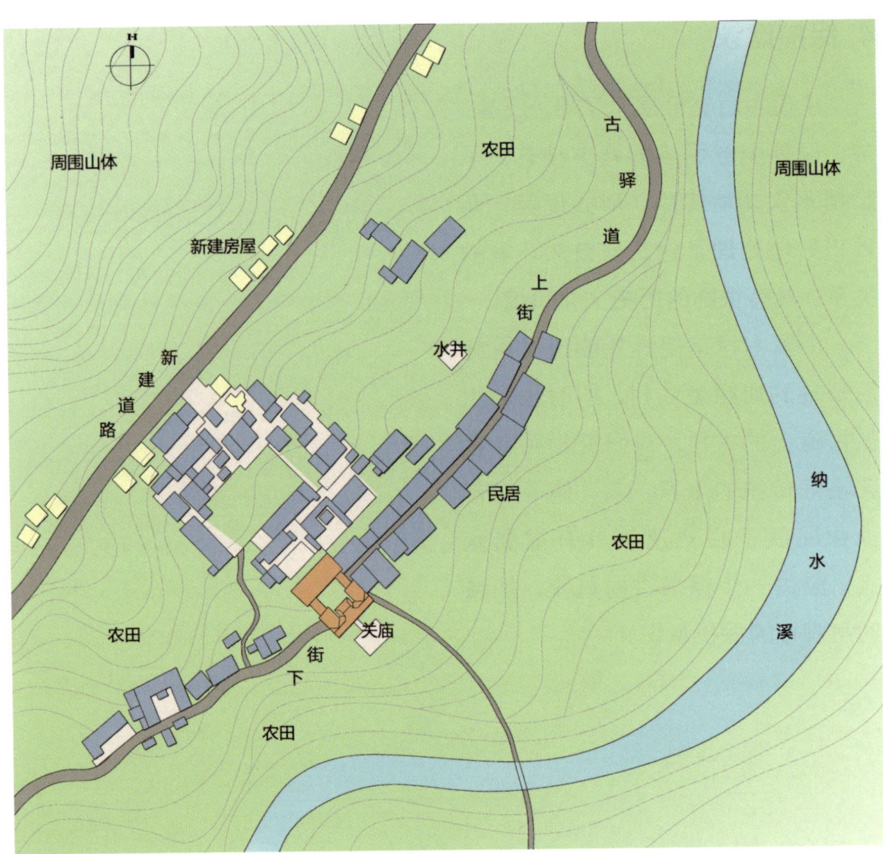

纳水溪村平面布局图

湖北利川纳水溪古村

1. 概况

纳水溪古村位于鄂西恩施土家族苗族自治州，地处云贵高原东延武陵山余脉和大巴山之间，行政隶属于利川市凉雾乡。古镇平均海拔约为1200米，依山傍水而建，建筑沿等高线方向逐层跌落分布在各层台地，农田主要分布于两岸坡地上，形成自然的山地梯田，纳水溪绕村蜿蜒而过。

数百年来，纳水溪古村一直是当地重要的商业场镇，也是古商道上的重要驿站。明代时期，村上设有土司衙门，归属忠路宣抚司。当时，古村上的土司权利至高无上，在这个衙门审理的案子无须上报可自掌生杀大权。清雍正十三年（1735年）“改土归流”后，在古村上设乡公所；清乾隆年间（1736—1795年），纳水溪古村设场，名丰乐场；清咸丰元年（1851年）实行“川盐济楚”，纳水溪古村成了运盐大路上的一个驿站和商品集散地；清光绪十年（1884年）定名为纳水溪场；

上街立面　　下街立面

1930年前后，纳水溪古村正街商业贸易依旧繁荣，每月逢农历初四、初七、初十为大场，附近山民均来赶场，场面非常热闹。

由于清朝及后期的“行盐”贸易和物品流通交换的需求，这里逐渐发展成为定期赶场的集市，并最终成为土家族聚居村落。

2. 古村布局

纳水溪古村建筑依山而建，临水而居，房屋的布局灵活自由并完全顺应了自然地形。纳水溪的商业主街分为“上街”与“下街”两部分，以“纳水关庙”为界限，其北为“上街”，南为“下街”。整个街道空间曾是典型的“雨街”形态。主街两侧临街建筑出挑一步或两步架，出檐宽达1.2～2米左右，形成宽敞的檐廊，鄂西地区称其为“凉亭子”，街心顶部空间是完全遮蔽的，出两侧建筑至离地约3米高处伸出横杆，并在其上架起简易“屋架”，之后搭盖木板、瓦片形成顶盖，便出现了独具特色的“雨街”模式：屋—

雨街民居大挑檐

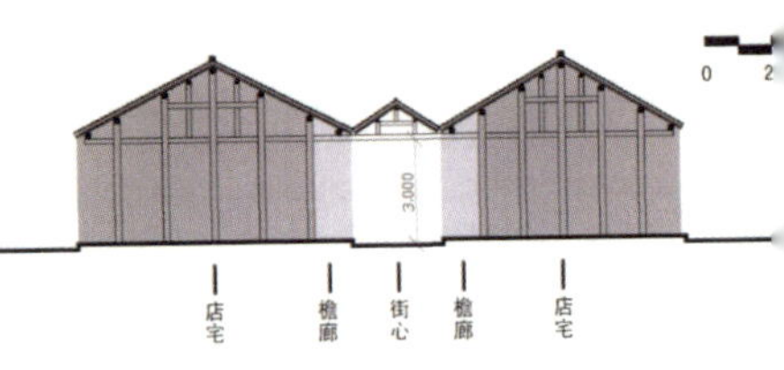

雨街平面示意图

檐廊—街—檐廊—屋的典型构成模式。

由于纳水溪发展之初是基于古驿道上的驿站，有物品交换的“草市”形态发展而来。因此，古村的核心部分集中在商业主街道上，街道两旁临街的店宅建筑则是其赖以生存和发展的商品、贸易交换的集市所在。这是一条约有五百年历史的商业主街，两侧的住户临街设店，建筑体量尺度不大，最高为二层。我们现在看到留存下的街巷已经没有了过去老街的顶盖，也就是街道中间没有雨棚的遮挡。当地村民告诉我们，老街的旧路曾经是泥巴铺成的，而今已经变成了水泥石子铺路。

民居

3. 建筑特色

（1）结构特色

纳水溪古村面积不足 0.5 平方千米，建筑整体布局有序，建筑品类众多。古镇的房屋大都是明清时期的木结构建筑，出檐深远，一般为五柱二骑（5 根柱头有 3 根落地）、七柱二骑（7 根柱头有 5 根落地）或十一柱、四列三间的穿斗式梁架，采用多种雕刻技艺进行装饰，如花格窗、雕花枋匾等。

（2）立面特色

古村街道上的建筑紧依古道而建，两侧立面具有很强的连续性，其材料与色彩和谐统一，具有很强的空间围合感。特别是建筑门窗立面较有特色，建筑沿街立面的门窗有两种形式，一种是可全部拆下的实体木门板，常用于商业建筑，拆下门板就能满足通风采光等需求，同时也增大了室内外的交换空间；另一种则是

民居局部错落

沿街建筑单体立面之一

沿街建筑单体立面之二

部分采用实体木板，设花格窗，部分可开启部分固定，可开启的窗下设柜台并直接与外界进行交换活动。

（3）建筑遗存

老街现存的传统建筑主要有关庙、红三军司令部、天主教堂、禹王宫、亭子楼等。其中保存最好的是关庙。

关庙建于明代，建筑面积约4亩，是村民们宗教精神和民俗文

关庙

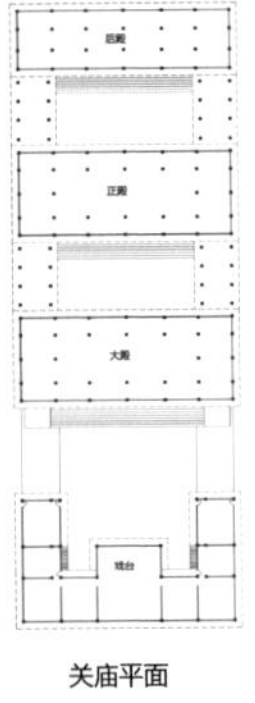

关庙平面图

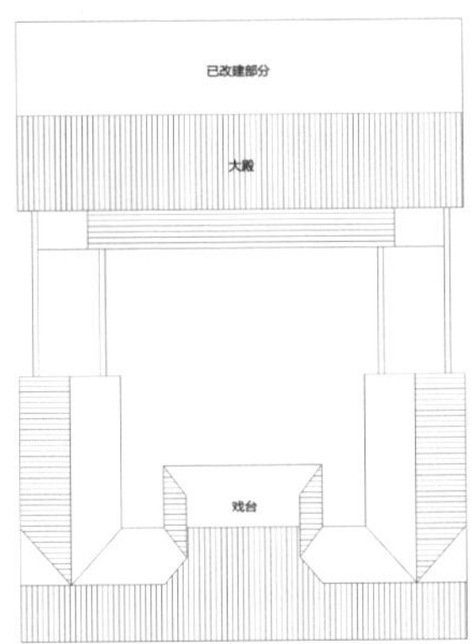

关庙现存屋顶平面图

关庙戏楼

化生活的中心所在。全木结构，基址系青砂条石垒砌，除戏楼外均为单檐悬山屋顶（戏楼为单檐歇山瓦顶），穿斗与抬梁混合式屋架。瓦脊和檐角高翘，正殿上悬挂着“忠义参天”匾额，殿里供奉着刘备、关羽、张飞、财神和观音的塑像。大殿对面是戏楼，雕刻装饰精致华丽，有演出时，三方的窗户可以拆卸，方便人们观看。

关庙平面由三进院落组成，中轴对称的布局形式，轴线上依次排列着山门（戏楼与之合而为一）、大殿、正殿、后殿，并用跨院（小天井）相互连接。戏楼的戏台为单面凸出的三面观的形式，戏楼与大殿前面的坝院及两侧的厢房共同组成了一个“合院式”的观演空间。门楼面阔三间，进深一间，大殿和正殿都是面阔五间，其中用于祭祀仪式的也只有中间开间尺寸较大些的三个开间。由于人为和自然力的侵蚀，关庙仅存前面一进，后面两进早已被损坏。关庙戏楼的双狮、庙宇上的角鳌以及其他建筑雕刻装饰艺术品都在“文革”期间被拆毁、焚烧，大殿先被改成大礼堂，后被拆建成学校、村委会办公室。

1933年10月20日，贺龙率部队到纳水溪古村召开群众大会，宣传中国共产党的主张和中国工农红军的政策、纪律，并将大地主的粮食和财产运到关庙，分给了贫苦农民。在纳水溪古镇关庙的大门上方，有一块“红三军军部旧址”的牌子，关庙戏楼上，也有关于红三军在纳水溪活动的简介。

4. 民俗文化

纳水溪村民长期居于物产丰富、景色怡人的山水之间，形成了独特的民俗风情。由于习俗不同，也形成了自己独特的民俗文化。纳水溪村世代相传的习俗主要表现在“赶年”和“赶场”两类活动中。

（1）赶年

在纳水溪村的各种节庆里面，以“赶年”最为隆重。与其他地方不同的是，他们的年夜饭早了整整一天，称为“过赶年”。

纳水溪村过年的典型活动如熏腊肉、磨豆腐、打粑粑、炒炒米等，家家户户在除夕夜之前就要为过年做好充足的准备，置办好年货，迎接新年的到来。团年之前，男主人就会上山或者到各个祖坟前祭祀祖宗。过年的当天上午还要上山为逝去的先辈烧香，俗话为“送亮”。送亮回来后，家中还要祭祀神灵，以祈求来年平安。祭祀完毕后，大伙在阵阵鞭炮声中吃着年饭。蒸甑子饭和蒸肉、煮合菜是纳水溪村年饭的主要特征。在大年三十的晚上，他们还要以不睡觉的形式进行“守岁”。纳水溪村人从大年初一开始拜年，正月十五那一天村民在自己家里围在一起吃汤圆，寓意团团圆圆的幸福生活，晚上按惯例进行特色的民俗活动“耍毛狗”——一种带有娱乐和宗教色彩的篝火晚会，以及逗七姊妹、照排排亮、玩龙灯、舞狮子等。

（2）赶场

纳水溪村的商业主街道逢每月农历初一、初四、初七都格外热闹，当地人称其为“赶场”（赶集），说的是周边各个地方的人都来这里进行贸易往来。村民说曾经“赶场”的场面更为宏大，会有各种不同的人来经商，例如：会有商人从万县挑盐至此，还会有货客带着麻线（针、低针等）、针铜、搪瓷来这里进行贸易。传说还有马帮曾路过此地。

5. 保护建议

古村的其他建筑如天主教堂在大办食堂的年代被拆毁，现今只留下增设在土司衙门里的经堂;禹王宫被毁坏，只留存亭子楼部分，还是当初大地主为讲气派而后修的。建议对古村的整体发展进行规划，对古建筑群等遗存、史迹加强保护。

图文：
赵　逵　华中科技大学建筑与城市规划学院教授
唐典郁　华中科技大学建筑与城市规划学院硕士研究生
刘兴华　华中科技大学建筑与城市规划学院硕士研究生

枕水而居的杜行镇

上海闵行杜行古镇

1. 概况

杜行古镇位于上海市闵行区浦江镇中西部，缘于明永乐年间（1403—1424 年）周浦杜氏迁居繁衍于此，故称杜家行，时属南汇县；清初于王浜沿岸形成杜家行商市；清光绪四年（1878 年）设乡，为乡政府驻地；1950 年划归上海县；1993 年撤乡建杜行镇；2000 年与陈行、鲁汇合并为闵行区浦江镇。随着城市建设的扩张，陈行、鲁汇二镇的老街已在近几年内瓦解湮灭，唯有杜行，如今还留存着 800 米长街和近 5 公顷的传统风貌街坊。

杜行乡曾有吴陆逊养鹤的鹤坡里，明工部员外顾允贞隐居之所日涉园（内有听松楼、竹屏草堂诸胜），此外还有两所城隍庙，一在东街，称东庙，杨姓徽商于清康熙末年（1722 年）舍宅而建，供县城隍，新中国成立后拆建为杜行中心小学，院内有 300 年古银杏树一棵，另一在杜行西街，称西庙，清乾隆年间（1736—

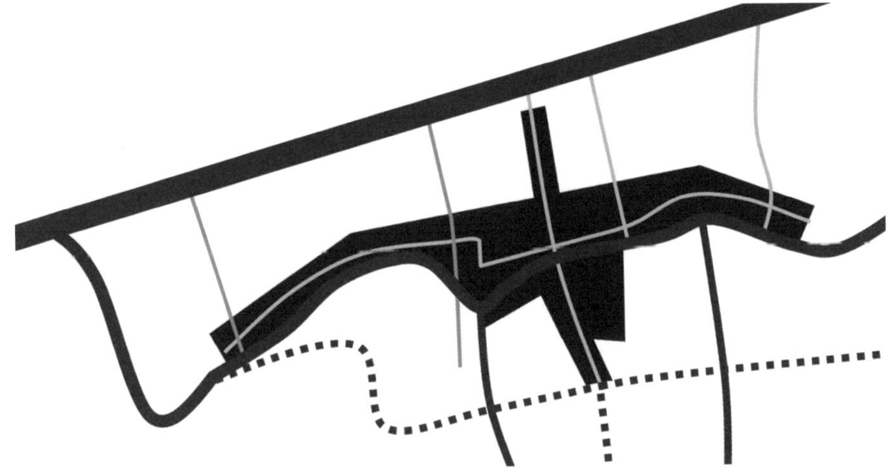

杜行镇街巷格局

1795 年）建，供府城隍，今为浦江高中所在。镇北还有座亭子黄庙。每逢农历十月十四、十五、十六 3 天为杜行镇庙会。另外，杜行东街有清雍正年间（1723—1735 年）建造的鹤和道院，西街有 1931 年建造的天主堂，镇南曾有元代的石林禅院（石林庵），镇北有清末民初里人雷汲韩建的“雷家花园”，可惜今皆无存。

2. 古镇布局

东西流贯杜行镇的王家浜是老南汇县通黄浦江的干河之一。清雍正年间（1723—1735 年），依王家浜之北岸的杜家行集市已逶迤东西 500 米有余。镇中市有跨王家浜的杨思桥连通南北街，形成十字交会的市心，两岸建筑枕河林立，条石驳岸稳固齐整，镇中市还有土地堂桥（俗名红木桥）。镇西市有众星桥（俗名西石桥），镇东市有验贞桥，均为杜姓人士所建。

杜行古镇南北街较短，向北连接新街，新中国成立后陆续建有商店、银行、集贸市场等，向南通南栅口，东西街绵长，且顺沿水道多有曲折。西街尽头是浦江高中（前身为杜行中学），东街

古镇街巷

中街民居与王家浜

西街民居

末梢有新建的长寿禅寺。杨思桥迤西至土地堂桥的一段曲尺街道，即为中街，旧时汇聚商店百余家，南北货、粮行、米店、茶馆、油酱、烟什、棉布、百货、肉庄等，繁荣一时。

新中国成立后，城镇建设逐步推进，1977年开挖新王家浜（今名姚家浜）流经镇北，同年沈杜公路筑成，商业逐渐东移至新镇谈家港，老街市面渐衰。如今东、西、南、北、中，五条主街格局清晰，街宽二三米，两侧大部分建筑保持砖木立帖式传统风貌，尚存少量绞圈房子和走马楼宅院。

杨思桥

3. 建筑特色

杨思桥是杜行老街仅存的古石桥，位于中街与东街交会处，相传康熙年间（1662—1722年）杨姓所建。如今两侧古石桥基留存，桥北为石阶，桥南是石板铺就的斜坡。改建过的水泥桥面板，四个桥栏上刻着“跟共产党走、听毛主席话、学习解放军、实现革命化”。桥从过街楼下通往南街，紧邻桥的东南堍还有一座石阶水桥。

西街45号是一座二层的红砖洋房，清末曾为乡政府所在，1964年中国农业银行上海县支行开设杜行营业所于此，门楣上“中国农业银行”六个字清晰可见，入口门楼和窗拱券具有鲜明的时代烙印与西洋装饰特色。

西街 12 号本是一座前后四进的宅院，如今仅存第四进正房与两厢构成的三合院，二层楼三开间，小巧紧凑，底层披檐与檐柱构成围绕天井的环廊，檐下花板精工雕琢，连人物表情都刻画细腻，正厅长窗的满天星格子门完好无损，是杜行老街现存最为精美的民居。

西街 39 号为一处三开间二层楼的临街店宅，观音兜山墙的圆弧曲线从连续屋面中升起，正中墙门间上方的木雕花板上花鸟人物栩栩如生。西街 63 号是一处前后三进、规模宏大的宅院，沿街面七开间、五山马头墙，后两进有局部改建，厢房采用观音兜山墙和哺鸡脊首。

门板装饰

民居木雕装饰

瓶升三戟铺地

赵家宅院

南街偏东的赵家宅院是一座保存完整的绞圈房子，前后两进均采用高大的观音兜山墙，围墙上的花格漏窗用瓦片拼砌出各不相同的图案。屋架上有月梁装饰，青砖人字仄铺的天井正中，用缸片、瓷片拼出“瓶升三戟”（寓意“平升三级”）的图案清晰完整。

4. 保护建议

杜行镇在20世纪80年代就开始了另辟新镇的发展，故其传统格局和历史风貌留存相对完整，而建成于21世纪初，跨越黄浦江的闵浦大桥和申嘉湖高速，虽然造成了南街末端部分建筑的拆除，但同时也限定了南侧发展对老镇的影响。水路连通、仅几百米开外的杜行轮渡依然是连接黄浦江两岸的重要交通方式，当下应有效利用水路交通联系、水网格局特色和外部田园环境，积极创新绿色生态产业，结合乡土历史文化资源，为古镇增添活力，扭转此前的被边缘化，这样定能为杜行开辟出一条可持续发展的新出路。

图文：
袁　菲　葛　亮　上海同济城市规划设计研究院

川沙镇局部俯瞰

上海浦东川沙堡城

1. 概况

川沙，位于今上海市浦东新区东南部，北宋成陆，元代盐场，明嘉靖三十六年（1557 年），为防沿海倭患，于川沙洼西筑川沙堡城置兵戍守，川沙之名由此流传。

清嘉庆十五年（1810 年）置川沙抚民厅，民国为川沙县驻地，称城厢镇。长期以来是浦东地域文化、贸易和行政中心，名人雅士汇聚，是张闻天、宋庆龄、黄炎培等的出生地，近代毛巾业和营造业极盛，沪剧、江南丝竹、浦东说书、川沙故事等民间文化活跃，有“浦东历史文化之根”的美誉。1993 年撤川沙县，设立浦东新区，为保留近五百年的历史地名，将城厢镇更名川沙镇。

2. 堡城布局

如今在经济飞速发展的浦东新区，川沙堡城作为川沙新镇北部的城厢社区，仍保留着方形城池、城外街市的完整格局。堡城

明代城墙及魁星阁、护城河

长仁禅寺

东南隅遗存明代古城墙，北境有川杨河，东境有浦东运河。城内中市、南市、北市、西市，延续清末民初江南传统街市风貌。城东护城河外有东门外街，留存着城外延厢的历史格局。沿浦东运河西岸更有700米长的护塘街，承载着浦东地域从宋代捍海塘到明清街市的千年变迁。城北有黄炎培倡建的、联系浦东浦西繁盛的“上川铁路”站址，以及至今矗立在千年老护塘大转弯基址上的长人乡庙（今名长仁禅寺）。

经过仔细地调查与比对分析，虽然堡城内的河道早已填埋消失或辟为道路，但是20世纪50年

老路牌

东门外街街景

代之前建成区域的超过60%的历史风貌建筑仍得以留存，而2005年上海市政府公布32片郊区历史文化风貌区时，仅将川沙堡城的东北片（主要体现的是民国至新中国成立初期的传统风貌）划为“川沙中市街历史文化风貌区”，没能对完整的川沙堡城历史格局予以保护控制，忽略了自宋代至今愈千年的演变痕迹与脉络。

川沙自古为商业大镇，清代“市集商店林立，百货骈臻”，主要有米行、布庄、南货、药铺、茶馆、油坊、典当等二三十个行业，分布在东门外街、护塘街、中市街、牌楼桥、乔家弄、南市街及北市街、

东门外街上的石坊柱

南市街民居

民居屋顶

王家桥和西门。

中市街、乔家弄为闹市，店铺规模大、户数多、商业繁荣，也是目前堡城内保存较完好的区域。近年来当地政府对中市街、南市街进行了整体环境修缮，建筑立面整饬一新。北市街在20世纪70～80年代曾进行过拓宽，东侧建筑在那时进行了改建，仅存西侧的传统店宅，故呈现如今“一街两貌”的典型特征，具有鲜明的时代发展识别性。西市街至西门一段曾有“九庙十三桥”之说，如今沿街传统民居和店铺仍具一定规模，城隍庙、关帝庙殿屋尚存。

护城河以外的东门外街、护塘街和北门外王桥街两侧传统风貌比城内更佳，但因未被划入风貌区范围，行将被新的城市建设逐步取代，传统街市岌岌可危。

东门外街片区风貌

北门外的民国建筑群

众多名人居住过的内史第

内史第内院

3. 建筑特色

川沙堡城的历史建筑集中体现清末民国江南市镇的特色。

清内阁中书沈树镛府邸“内史第”，曾为黄炎培、宋庆龄、黄自等名人诞生地，以及文人胡适的居住地，有精致的雕花仪门，晚清风格的“凤戏牡丹”“状元游街”等细腻精巧的砖雕图案。

天主堂

关帝庙屋脊装饰

丁家花园门头装饰

初建于清同治十一年（1872年）的仿哥特式川沙天主堂，1926年扩建，砖混结构，十字形平面布局，红墙黑瓦，人字屋面，大堂地面铺拼花瓷砖，堂内拱形穹顶，风格华丽，上部为白色铁皮制尖塔。

建于1930年的花园洋房陶桂松住宅，砖木混合结构，上下二层，院落四周走廊，旁立西式圆柱，屋顶小瓦，青砖清水墙，地面铺马赛克。此外还有敬业堂、文照堂等教育用途的早期公共建筑，以道堂、以德堂、三德堂、丁家花园、王文魁住宅等保存完好的民居。大量西式装饰材料和手法与中国传统木构瓦顶建筑相结合，呈现出浓郁的中西合璧艺术风格。

4. 保护建议

作为浦东历史上政治经济文化中心的川沙堡城，从地域文化上看，既有海滨古盐产运的灶图场署历史，又有海防墩汛、抗倭前哨的军事安防要义，还有小桥流水江南乡土的市镇集萃；从历史格局上看，既有城墙城濠的传统古城格局，又有长街窄巷、街屋毗邻的传统街市；从建筑特色上看，既有原汁原味的浦东乡土绞圈房子，又有西洋舶来的海派装饰艺术。今天在川沙这块浦东热土上保存下来的这种紧密相存的多元化特征，是上海浦东地域历史发展演变的缩影，更是今天浦东发展中开放胸怀的秉承之根。

川沙堡城距浦东机场和迪士尼乐园仅10分钟车程，随着“国际旅游度假区”的开发和“中国历史文化名镇”称号的取得，经过新的行政区划调整后的川沙新镇，应当加倍重视城镇历史文化遗产保护，把握时代机遇，在向中国打开西方娱乐文化窗口的同时，不失本色，这样才不愧对“浦东文化之根”的盛誉。

图文：
袁　菲　葛　亮　上海同济城市规划设计研究院

沈庄镇全貌

上海浦东沈庄古镇

1. 概况

沈庄位于上海市原南汇县西部下沙镇（旧名鹤沙），今属浦东新区航头镇，北与周浦镇隔沈庄塘相望，东傍咸塘港，南距下沙集镇4.5千米，沪南公路于西市南北纵贯而过，沈杜公路以此为起点，向西经召稼楼、杜行达黄浦江渡口，历来居南汇水网中枢，宋代已有移民聚居，古名鹤坡里，相传元末富翁沈万三在此购置“沈家田庄”，故得名；后朱氏发迹称盛于此，民间俗称沈庄朱镇。明代，沈庄北街建关帝庙，咸塘港东建城隍庙，市镇渐趋兴盛，成为下沙地区第二集镇；明末倭患不断，沈氏庄园和肆市大部遭毁；清代后期工商业逐渐复兴，民国时期轧花、碾米、刺绣业盛行，之后市镇渐趋衰败。

2. 古镇布局

沈庄傍咸塘港西岸，南北逶迤约1千米。街道宽2米左右，传统建筑一至二层间杂，两侧条

南街

石阶沿、中间青砖仄铺路面，分为南街、中街、北街。北端于沈庄塘北岸西折，东西长约250米的街面号称典当街，盖因民国初年有陈姓人在桥北堍开设典当而名。北五灶港和沈庄塘在北街会合于咸塘港。连接南北街的桥梁从南向北依次为善庆桥、小石桥和永济桥，跨越咸塘港的有南市的利济桥和倪家桥，北市的永安桥和中市的普济桥，另有西街的关帝庙桥跨沈庄塘。

1947年，沪南公路全线通车；1958年，咸塘港拓宽疏浚，改建中市普济桥为水泥桥（1994年改建为今之沈庄桥）；1960年，修筑由沈庄到杜行的沈杜公路。20世纪80年代初，南北街居民逐渐移居沪南公路东侧和沈杜公路北侧，沈庄老街逐渐冷落。而在沪南公路和改建的沈庄桥之间，先后建造了信用合作社、合作商店、饭店茶馆、自选商场等，形成了一条东西向的沈庄新街（今名瑞和路，诸多建筑保存完好，商业繁荣）。2010年以来，申嘉湖高速公路的建成阻断了沈庄南街，咸塘港东侧、永济桥北侧地块陆续更新建设为“四高小区”，沈庄老街仅留存了300米的片段及古桥永济桥一座。

3. 建筑特色

位于咸塘港口的永济桥，跨沈庄塘沟通南北街道，清康熙十一年（1672年）由张必诚所建，为单孔石拱桥，桥长35米，净跨7米，宽3.1米，石刻桥联“南无阿弥陀佛”清晰可见。桥身历代修缮，是下沙地区为数不多的保存完好的古石桥，据说“鹤沙八景”之一的“虹桥夜月”就是赞誉此桥之景。

永济桥及民居

朱宅

西洋装饰的朱宅门券

沈庄的著名宅邸，曾有北街徐氏的五间楼和沈庄塘南岸的朱氏楼宅，俱建造精良，为人称颂。今北街已荡然无存；朱氏楼宅前几进俱毁无考，仅存最后一进，为一正两厢二层楼三合院：底层围绕天井设敞廊，二层旋木栏杆走马楼；正房与厢房间隔以走廊，开东西券门，均以西洋抹灰浮雕装饰；券门内为木制楼梯，廊端外墙开小门，上书“曦庐”二字，上开高窗，嵌绿色琉璃瓦漏窗；天井地面采用水门汀刻花，铜钱套方花纹满铺，中间饰以圆形寿字图样；左右对称置八角形排水盖板；正厅前设三级石阶，两侧高台下开有通风孔洞，铸铁罩面；整幢建筑体量高敞，细部雕饰保存较好，中西合璧特色鲜明，可惜尚未列入任何保护名录。在该建筑东侧通向咸塘港的水桥上，发现一块“朱启秀堂水桥为界”的碑石嵌于台阶中。

屋脊

民居屋架

老街两侧曾经的沿街店宅，如今皆退化为单一居住功能，传统建筑以晚清民国风貌为主，屋顶举折舒缓，时不时会有曲线浑厚的观音兜山墙映入眼帘。如今沿咸塘港西岸的枕水民居，水乡景致连续完整——古桥残基、直通水埠和整齐砌筑的青砖驳岸，在起伏的小青瓦屋面下彼此映衬。

枕水而居的沈庄

4. 民俗文化

沈庄明代所产鸡豆糕、清代所产孙记重阳糕名闻乡里，朱关记熟羊肉店盛名浦东且九代相传，还有严记竹器店、苏协昌杂货店、采云堂中药铺等多家百年老店。民国时期，工商行业品类齐全，有烟纸杂货店、茶米行、肉庄、水果地货店、茶馆、酒肆等近40家，油坊、糖坊、水作坊、轧米厂、竹木铁器工场、染坊等20余家。

旧时农历十月初五的沈庄城隍庙会有200多年历史，每每商贩云集、人群如涌；此外还有元宵节、三月廿八、七月初九、九九重阳日的集市，歌舞杂耍、热闹异常。晚清民国时期，在南市冯娘子港旁的“永隆”是沈庄地区重要的演出厅堂，常有滩簧、申曲表演；集镇上在北市、中市、南市开设有茶馆书场，唱沪书、评弹、宣卷等。

古时沈庄人文荟萃、仕官称盛，推动了当地文化事业的发展。清代诗人朱凤洲在沈庄北街西端建宅院，艺梅成园、产梅质佳，故名“梅园”，是当时文人墨客吟诗会友之所，朱凤洲曾与新场镇名宦叶凤毛唱和，一时传为佳话。光绪三十一年（1905年）邑绅朱祥绂于西市朱氏宗祠创办崇实小学堂，为下沙地区最早的学堂，其后朱姓后裔一直热心于本地教育事业。

5. 保护建议

在上海市浦东新区的发展建设中，老浦东滨海水乡的传统市镇不断消亡，除了早已列入上海市历史文化风貌区的7片之外，那些散见的“小桥·流水·人家”，往往还未来得及搬上存废之争的辩论台，就已灰飞烟灭。新市镇的建设应注重对传统文脉的延续和历史发展的尊重，只有这样的发展才是具有地域特色和持久生命力的。

图文：
袁　菲　葛　亮　上海同济城市规划设计研究院

周浦古镇局部鸟瞰

上海浦东周浦古镇

1. 概况

上海市浦东新区周浦古镇位于原南汇区西北部，今川周公路与康沈公路交会处。

周浦地区，成陆于隋唐以前，距今逾千年。宋代建盐仓，供下沙盐场贮盐，成为关隘要地。南宋时沿海对外贸易及水上交通逐渐兴盛，设杜浦巡检司于此。明弘治年间（1488—1505年）成集镇，称周浦镇，旧说“以四周多浦（河），故名”。清末手工业与民族工业兴起，由于境域地势平坦，河流纵横，居航运中枢，成为浦东地区最大的粮棉集散地，汇聚400余户商家，有“浦东十八镇，周浦第一镇”的美誉。

2. 古镇布局

清雍正四年（1726年）南汇建县，设便民仓于周浦，境域大幅扩展，成为“街道迴复，绵亘四五里，东西街夹咸塘港，南北街夹周浦塘，居民稠密”的“通邑巨镇”，自然景色与人文胜迹交映生辉，民间有“周浦八景”之说。

市镇聚落呈矩形，分为东街、西街、中街（棋盘街）、南街、北街。街坊道路皆以条石或砖块铺就，传统坊市占地近2平方千米，周浦塘、咸塘港、六灶港交汇于此，另有网船浜、张家浜、王家浜、陆家浜、年家浜、八灶港、盐铁塘等小浜纵横勾连，镇内曾有72座桥，5座环洞高桥分列于镇的东、西、南、北四方和中央（北有聚龙桥，南有积庆桥，东有启秀万年桥，西有汇龙桥，镇中永兴桥），还有“桥里庙”“庙里桥”“钥匙桥”等，新中国成立前因市肆繁华被称为“小上海”。

流经镇区中心的主要河道，有南北纵贯的咸塘港和东西向延伸的周浦塘。只可惜随着航运功能外移，镇内的河道陆续填平筑路，古桥悉数拆除。曾经的水道已然演变为今天的主要街道，与原有的长街窄巷共同构成今天周浦古镇的街市风貌。

咸塘港，原是古捍海塘的护塘港，因港内水咸而得名，是南汇西部地区南北向主要河道，流经周浦镇区段因沿河商市繁华，故成为市河。1958年咸塘港东移，河道全被填埋，诞生为周市路。

周浦塘，曾称澧溪，东接咸塘港，西入黄浦江，由于黄浦江潮水泥沙常致周浦塘淤塞，1970年对其全线拓宽挖深，并将途经镇区的东口段南移约500米，原址填平成今之澧溪路。

北街，即小云台街，在老周浦塘以北；南街，俗称南八灶，在

小云台街片区

椿樟街

中大街院落

原永兴桥南，包括沿老市河下塘的椿樟街和上塘的竹行街。今北街西侧的下塘街尚存，老市河东侧地块已兴建为多层和高层住宅;南街靠近年家浜一段因填河筑路而有所缺失。

中街，是由原瑞安桥向南的石子街（今金龙街），转向至大济桥的大街路（今中大街），北至李将军桥的衣庄街，西至瑞安桥的港北街，纵横交错而成的街坊，以及贯穿其中的贾家弄、陶家弄、杨家弄、油车弄等共同构成，总名“棋盘街”。如今整片的棋盘街西端地块已进行整体更新，东侧椿樟街一带的街坊保存较为完整。

特色鲜明的山墙

西街，在瑞安桥西，即今康沈公路以西，俗称西城隍街，街景风貌犹在；东街在老市河大济桥东，因近年开发建设已无存。

3. 建筑特色

周浦镇宗教发展悠久，西市原有始建于宋代的永定禅院（明代改称永定讲寺，曾为浦东三大寺院之一），以及始建于元代、旧名杜浦庙的周浦城隍庙，原有照墙旗杆、山门二道、庙舍百间；清代在南市建有巽龙禅院，建庵时栽的银杏树，如今已列为古树名木，寺前原有小石桥为行人必经，故称为桥里庙；东市关岳路建有岳王庙；北市建有小云台庙，庙里有既济桥，又称庙里桥。

门头

张氏住宅

清末周浦镇商业极盛，几位宁波籍店主共同出资在网船浜（今川周路）北侧兴建浙宁会馆，俗称宁波会馆，占地约960平方米。主殿坐北朝南、三开间、歇山灰瓦，檐下饰斗拱，中间天井前设门楼，上置戏台，左右环以2层厢楼，周浦镇的宁波籍人士每年两次在此聚会。浙宁会馆目前是浦东南汇地区唯一保存完好的会馆建筑，被列为区级文物保护单位。

古镇内传统民居众多，特色突出的有明代文人姚埙所建“南荫堂”，俗称姚家厅，位于今中大街28号。堂右有素安居，堂后

花园宅院外的巷道

依然留存使用蛎壳窗的宅院

大型建筑拔地而起

有培兰馆、碧霞轩等，占地颇广，延伸至中市贾家弄，小巷幽深曲折，两面高墙漏窗，是姚埙书斋所在。后姚的曾孙懋初重建，堂额为文徵明所书，清末虽多次受损于战火，至今仍散存多处院落。此外还有苏东坡后裔所居的东湖山庄、清代经史学家于鬯故居“风歌楼”、傅雷旧居等名家寓所。

4. 保护建议

周浦镇成陆较早，建镇历史悠久，传统商贸发达，宋元明清以降吸引了不少文人雅士来此定居，建宅筑楼、植树造桥，留下了丰富的史迹，促成繁荣的市镇，并以“三多”（河道多、古桥多、商铺多）而闻名于四乡，成为浦东传统市镇的集大成者。但由于年代久远、历经战乱，加上新中国成立以后的老镇区逐步改造和新时代浦东新区的开发开放，周浦古镇在持续加速的城镇更新中，逐渐抹去了历史的印痕：曾经以四周多浦而得名的周浦，如今却难觅水乡景致，镇区河道悉数填没，七十二桥了无影踪，名宅厅堂凋敝零落，挂牌保护的“浙宁会馆”“傅雷旧居”正孤立在瓦砾堆中残喘，现存三里有余的南北长街岌岌可危，中大街南片完整宜人的街市巷坊存废不明。

作为十八大镇之首的浦东巨镇，周浦古镇当前尚存的历史遗存精美、多元，若拆毁，实在令人扼腕，亟待加强保护。

图文：
袁　菲　葛　亮　上海同济城市规划设计研究院

南大街民居院落

上海浦东大团古镇

1. 概况

大团古镇位于上海市浦东新区南汇东南部，旧名一团，又称头团。

南宋绍熙二年（1191年），大团地区被辟为盐区，属下沙南场（即今之新场）辖界，元代和明代上半期是整个下沙盐场的鼎盛时期。明洪武年间（1368—1398年），为防御倭寇入侵按军事建制在下沙盐场设立9个团，均迁至里护塘外，自南而北称为一团、二团至九团。此地在最南端，名头团、一团，后因“头”“一”与“大”同义，遂称“大团”。

镇区四周环河，明清时开凿灶港，通黄浦江；至清末民初，开小火轮直达上海市区，成为南汇县东南地区水陆交通的枢纽，也是远近八方农、牧、渔、副、手工业品的集散地，街市上各类行当80多种，三四百家店铺密布于南北1500米长的街道两侧，有宁波茶食、海盐酱油、浙江山货、徽州瓷麻、无锡铁器等，生意兴隆，有“金大团”之誉。

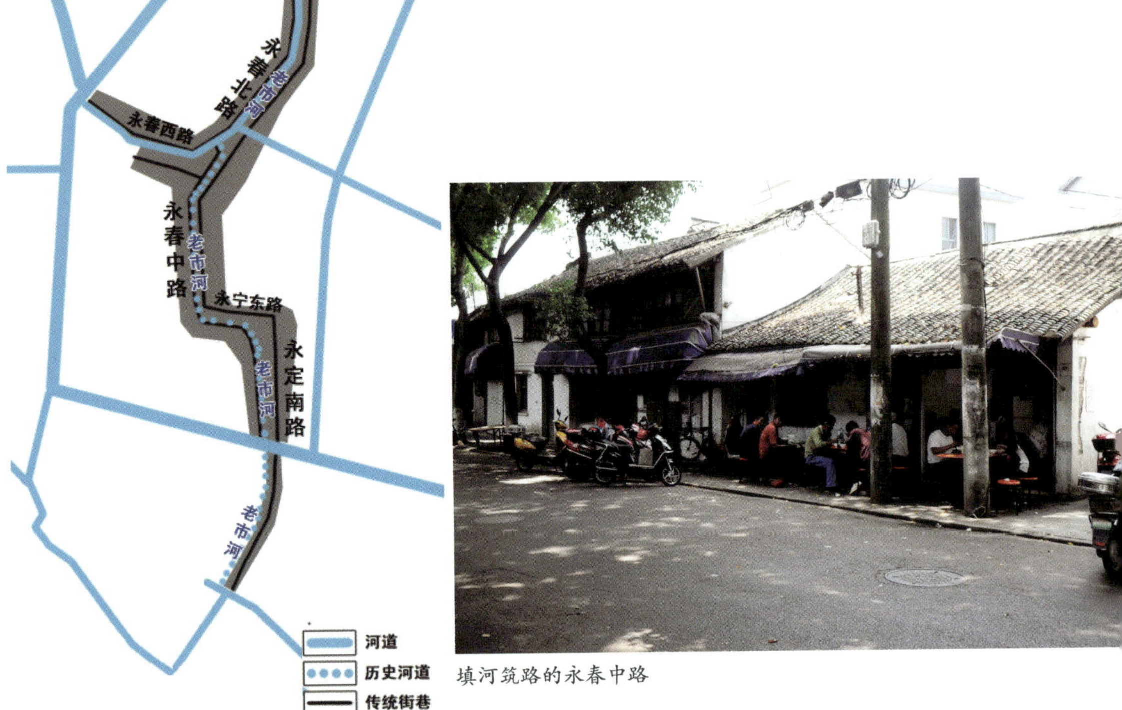

填河筑路的永春中路

大团古镇格局示意图

2. 古镇布局

大团古镇纵贯南北的老市河，又称护塘港、运盐河。三里长的大团镇由老市河划分为上塘与下塘，上下塘之间有桥梁20余座，最享盛名的是明代蟠龙桥和清代起凤桥，都是高大的环洞拱桥。新中国成立后为了通行便利改建为平桥，后来随着乡镇建设的蓬勃发展，填河筑路、拆桥拓街，大团中段和南段的市河被填掉了大部分，成了今天贯穿古镇南北的主要道路永春中路和永定南路，仅存北段市河，拆毁古桥如普济、众福、百寿、百禄等10余座，如今的大团北市河塘港仅余古桥4座，自西向东分别为潜龙桥、展凤桥、金门桥、义济桥。

龚家宅

王氏宅

3. 建筑特色

大团古镇历来为商宦文士聚居之地，名宦望族所建厅堂更多达 30 余处，如盛氏建有友于堂、敦叙堂、森桂堂、宝训堂、谦吉堂、志闲堂、雅怀堂、翼堂远、嘉乐堂、耕馀堂、万竹堂、修耕堂；邵氏建有礼耕堂、仁本堂、寿菁堂；王氏建有敦厚堂、敦五堂、敦礼堂；马氏建有晚成堂、荻训堂、藻海堂、敬业堂、传经堂等，不一而举。这些宅邸厅堂大多与私园相结合，规模可观、建造精良，园林营造也各具匠心，只是受损于战火，留存完整者不多。所以，现在能

马氏宅

建筑细部

看到的传统民居大多是建于清末民初的小型宅邸，大多布局精巧、风格多样。

位于今永春北路102号的龚氏宅，是浦东地区较为典型的“三埭两庭心”的“绞圈房子”。如今整体格局保存完好，入口门楼具有清末民国时期的西式装饰艺术特色，后院内有古树1棵。

奚氏宅邸，位于今永春北路95号，虽仅存一进院落，但正屋（俗称“客堂”）建筑保存尤好，梁架雕饰细腻，堂前的落地格栅还保存着几扇完整的“蠡壳”长窗，是古代玻璃出现之前，较为考究的透光材料。

位于永春北路286号的马氏宅邸，为二层砖木结构，虽布局

临水的民国民居

永宁东路民居

紧凑小巧却精致典雅，外墙装饰呈现典型的石库门房子特征，内天井的木罩面却不乏细腻的装饰雕刻，具有中西合璧的建筑风格特征。

位于原朝阳路西端的王家花园，建于民国 18 年（1929 年），占地十亩，中凿小圆池，种养玉荷、金鱼。池岸碧桃垂柳，池面建湖心亭、九曲桥。池北建厅屋 5 间，游廊通转，台阶递升，屋前甬道两侧垒花坛，春兰秋菊俱备。新中国成立后，王家花园经整修改为大团工人俱乐部至今。

4. 保护建议

大团古镇作为承载元代滨海古盐文化和明代海防军事文化的头团，作为清末市肆繁盛的“金大团”，是浦东地域历史变迁的真实见证与历史文化传承的重要载体。2005 年上海市政府划定公布的大团历史文化风貌区，仅将大团北大街沿河塘港的 11.9 公顷地段划入，占其传统风貌建筑集中区域的 20%。中大街、南大街总长逾千米的传统风貌地段，由于市河中段和南段已被填平筑路，并未纳入，但市河填成的街道两侧民居毗邻、山墙起伏、宅院相连，整体格局和建筑单体都得以留存。当下，应尽快开展对大团古镇历史格局和文化遗产资源的全面评估，拓展风貌控制和单体保护的范畴，实行整体性保护与合理利用并重的发展策略，让“金大团”的盛名得以延续和传承，为区域进一步的发展彰显底蕴和增添活力。

图文：
袁　菲　葛　亮　上海同济城市规划设计研究院

坦直古镇南部街景

上海浦东坦直古镇

1. 概况

坦直古镇位于上海市浦东新区新场镇北 5 千米的四灶港沿岸，距惠南镇 15 千米。

坦直地区成陆于唐末至北宋年间（960—1127 年），先民以煮盐业为生，属嘉兴府华亭县下沙盐场。元代以后盐场东移，遂垦殖为农业区，地名富丰庄，隶属松江府上海县长人乡十九保。相传此地为明初江西饶州知府陆文旺故里，陆为官贤达，广受称颂，明洪武年间（1368—1398 年）辞官回乡后，在北四灶港上建环龙大石桥（石拱桥）一座，取名“秀来桥”。明天启年间（1621—1627 年）桥因洪水坍塌，以平面石桥代之，俗称“坍石桥”。清康熙六年（1667 年）置坍石桥镇。清嘉庆十四年（1809 年）众姓集资于镇西另建平直石板桥一座，以“坍石桥”谐音取名“坦直桥”，此后皆以“坦直”为地名。清同治七年（1868 年），始设为坦直乡。1995 年撤乡建镇，2002 年并入新场镇。

明清时期，三灶港、四灶港及运盐河内，船只南来北往，水路运输发达，富丰庄成为当时夜泊休息的驿站。据《光绪南汇县志》载“坦直桥市廛相接，东西绵亘约二里许，市中贸易较就近各小镇为盛”。

在近代实业中坦直镇的织袜业比较有名。南汇织袜业始于1912年，之前人们普遍穿着布袜。出生于坦直桥胡南街的实业家胡簠铭赴日考察后引进手摇织袜机，创办安定袜厂，生产的“象球牌”丝袜一时享有盛誉。继之，惠南、周浦、航头相继出现多家袜厂，南汇织袜业随之得到规模化发展，并影响到周边地区，产品甚至远销南洋及欧美。

20世纪20年代后，坦直集镇又陆续办起了碾米厂、毛巾厂，还有糖坊、糟坊、榨油、铁业、铜业、土窑、木器等手工作坊30余家，反映了上海市浦东地区民族工商业的近代化起步与发展。

四灶港及外围田园

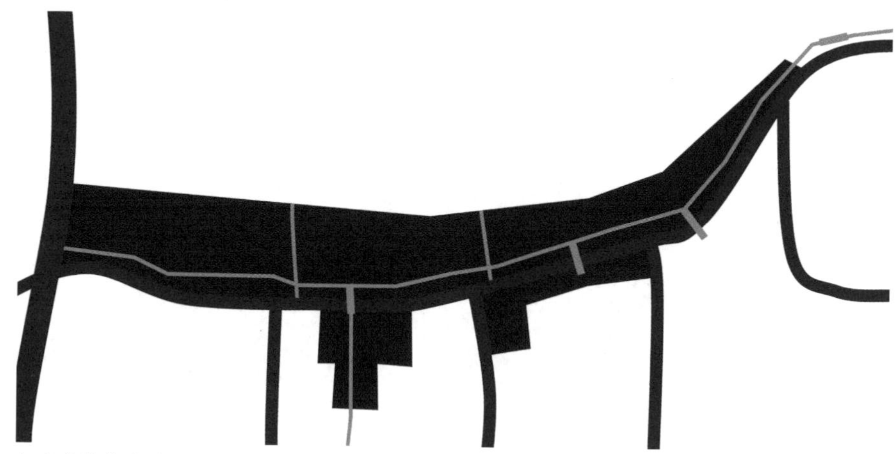
坦直古镇格局图

2. 古镇布局

旧时坦直集镇紧依四灶港形成两条小街，港北称坦直街，港南因胡姓居多，称胡南街。沿港建有6座石桥勾连南北，西部建有桐桥、坦直桥（油车桥），中部建有秀来桥（中市桥），东部建有李家桥、瑞凝桥、庄西桥。坦直街宽约2米，原为黄道砖铺就，两侧砖木结构街屋毗邻，东起李家桥，西至肖皇庙，曾分布有南北货、烟纸业、肉铺、鱼行、竹木行、中药店、糟坊、糖坊、酱园、染坊、旅馆、百货、铜铁匠、茶馆、饭店、水果等大小店铺百余家，秀来桥两侧为闹市，交易活跃。

如今，港北的坦直老街（今名富丰庄路）中段和东段留存较好，总长超过800米，两侧一至二层的传统建筑沿街界面完整连续、起伏有致。老街中段以秀来弄所在的秀来桥为核心，建筑稠密、下店上住，且沿街建筑两侧山墙在顶端做成圆润的“小兜”，而

老街中段街景

仅在脊端出兜的观音兜山墙

老街东段街景

两头靠近檐口的位置却不做任何起翘，显得格外朴素而内敛；老街东段建筑越发低矮和古朴，举手便可触及屋檐，建筑年代当早于中段；而老街西段因坦直中学校舍的兴建和新坦瓦公路的分隔已无存。港南的胡南街在20世纪60年代疏浚四灶港市河段时，因河道向南岸拓宽，故已看不出街市格局，但仍存有不少民居宅院。

3. 建筑特色

清末坦直西部建有肖皇庙，传说本为富户朱氏住宅，建有5步台阶，因超过朝廷规定恐遭牢狱之祸，故将外墙涂刷颜料改为庙宇。旧时每逢农历十月初一“肖皇庙会”，商贩云集，四乡农民纷至沓来。可惜“文革”期间庙宇被毁，如今为坦直中学校舍所在地。

坦直集镇中部的秀来桥，是

瓦当

绞圈房子

环龙大石桥坍塌以后改建的“坍石桥”，如今桥面已改为水泥板，古石桥墩仍在。陆氏宗祠在1958年拆除后改建成坦直公社人民会堂。同善堂，内有天、地、神“三官老爷”，后人简称“三官堂”“三元堂”，是今坦直路55号坦直居委会所在地。

四灶港南岸，门牌为“坦南村846号、849号”的“绞圈房子”保存完整，前有场地，环以绿荫、河浜，屋宇舒展，歇山屋角，穿堂侧壁可见“文革”时期“毛主席语录”，中间仪门头全用青砖砌筑，四柱三间、水泥抹面，饰以简洁的线脚，有清末民初的风格特征，院内地坪以青砖席纹满铺，并有古井一口。

老屋梁架

4. 保护建议

从宋元时期的下沙盐场、明代的富丰庄、清代的坦直集镇，到近代南汇织袜业的发源地，今天的坦直古镇，虽历经战乱更迭、世事变迁，仍留存着长度超过800米的明清风貌老街以及沿着四灶港密密匝匝的枕水民居，是浦东地域传统市镇发展变迁的生动缩影。如今，坦直作为浦东新区新场镇所辖社区，应当尽快纳入新场历史文化名镇保护的框架中，实现历史文化资源的综合利用。

图文：
袁　菲　葛　亮　上海同济城市规划设计研究院

陈桥村局部鸟瞰

上海浦东陈桥古村

1. 概况

上海市浦东新区陈桥古村，俗称陈家桥，位于今川沙新镇境域西部的八灶港沿岸，东侧紧邻迪士尼乐园。

陈家桥在清代是一处东西向近 500 米的小集镇。相传，清乾隆三十二年（1767 年）一位陈姓人发起修建一座石桥横跨八灶港，名“望云桥”，俗称“陈家桥”，遂以桥为聚落地名。由于地处川沙、南汇两县交界要道，至晚清形成东西约 500 米长街，商市颇盛。民国初至新中国成立前，陈桥集镇一带划为陈桥乡，后为六灶乡所辖；人民公社时期改为陈桥大队；1983 年，改名陈桥村至今。

陈桥村的陈桥小集镇，主要是指八灶港北岸、东西向的陈桥老街，形成至今已有几百年历史。集镇西首的沙涂港上曾有宋代建造的沙涂庙，历元、明、清数百年，庙旁建有沙涂庙桥，可惜清末遭寇匪全毁，唯桥墩留存。镇中还有建于清代的南星庙。旧时每年农历七月廿日在陈桥集镇举行圩蓝胜会、四月廿八沙涂庙会，人们抬出沙涂庙、南星庙里的孟太、万寿王等塑像尊祭，并发展为集场，前后3天，热闹异常。

清末陈桥集镇市肆繁荣，肉庄、粮行、点心店、茶水点等商铺汇聚，较知名店铺有傅大昌米行、包万昌米行、蒋永泰洋布店等。可惜抗日战争时期，南汇地区被日军占领，陈桥集镇遭受严重破坏，商业锐减；新中国成立后庙宇陆续拆除，川南奉公路筑成后商肆南移六灶，故陈家桥逐渐衰落，演变为如今一个宁静朴素的小村落。

河道驳岸

观音兜

2. 古村布局

陈桥村老街上留存着不少传统风貌的民居院落：在街角转折的位置，往往采用歇山顶的做法；街道中部一般用双坡悬山顶；而彼此相连的沿街建筑，为了防火往往采用顶部平和微拱、两端圆润微翘的观音兜方式出山，形成有效的分隔，也为街面景观增添了丰富的跃动，如 1151 号民居、1156 号民居等。

老街西头的建筑越发质朴：青砖、木柱、灰瓦、矮竬门、汲水井；条石勒口、青砖仄铺的阶沿，被当地人形象的唤作“萝卜丝砖”；建筑檐口也极矮，伸手便可触及。再前行便与瓜架、菜园、芦苇、小河

街道空间

滨水环境

石桥遗存

等水乡田园融为一体了。

陈桥村的陈家桥，南北向桥身，跨八灶港，始建于清乾隆三十二年（1767 年），于清同治年间（1862—1874 年）重修，1974 年改建水泥桥，如今仍为两岸居民通行要道。而今尚存的古桥，仅有位于老街东段的善堂桥，建于清光绪三十三年（1907 年），东西向桥身宽 1.4 米，石板侧面刻有桥名和装饰纹样。

山墙装饰

3. 建筑特色

陈桥村老街由于晚清商市的发展而形成和留存下来，故不少沿街建筑都显露出或多或少的西式风格或运用晚近的建筑材料，比如西式卷草纹样的山花、门窗上大幅块的玻璃嵌格、阶沿位置多用水门汀刻花等。

陈桥村 1149 号，是一幢二层楼清末民初风貌的围合式独院建筑，两侧高大的山墙用精细的水泥

建筑山墙

屋顶变化

沿街商铺

抹面，并有仿石块砌筑的刻纹，山墙顶部的山花用灰塑装饰同心圆环和吊挂的藤草纹样，而沿街部分则全为木罩面，二层略有出挑，中间用木制线脚装饰出悬挂牌匾的位置，为典型的下店上住结构，整幢建筑具有中西合璧的建筑艺术特征，在老街中极为突出醒目。

4. 保护建议

当下，陈桥古村一方面应尽快纳入保护管理体制，防止在不经意的城市建设中消亡损毁；另一方面，考虑到紧邻迪士尼园区的独特区位优势，可通过对乡土环境的维护与市政设施的提升，形成具有浦东乡土特色的文化景观资源，展现上海本土滨海原住聚落的水乡历史风貌。

图文：
袁　菲　葛　亮　上海同济城市规划设计研究院

守护古城的茶陵铁犀

湖南株洲茶陵古城

1. 概况

湖南省株洲市茶陵县是省级历史文化名城，地处湘赣边界、罗霄山脉中段。据悉，公元前202年置县，因炎帝崩葬于“茶山之阴”而得名；茶陵古城始建于南宋绍定五年（1232年），因有铸造于南宋年间（1127—1279年）的镇城铁犀，又称为“犀城”。茶陵古城紧依洣江，西倚云阳山，形成“护城有靠山，润城有流水”的山水格局。

茶陵建设采取“新旧分离”的建城策略，在古城外建设新城，使得古城内建设较少，风貌格局保存较为完整。

2. 古城布局

（1）城池格局

古城的历史格局始成于宋，南宋时期护城河为淀湖，明洪武年间（1368—1398年）扩筑西城，城池向西扩展。古城南部紧临洣江，外有宋代防洪堤，东有护城壕，西、北为护城河；城内街巷是具有防御

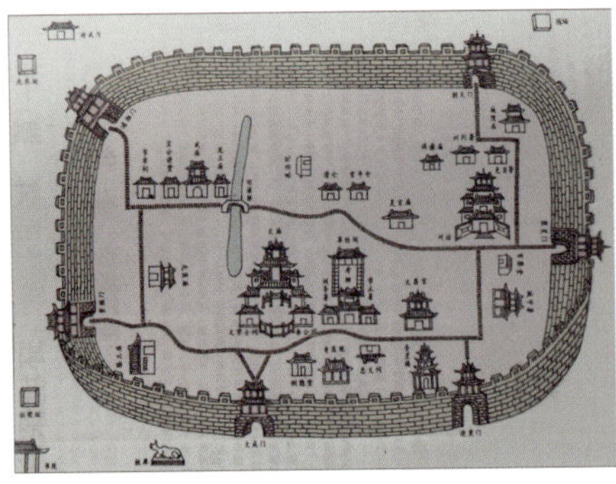

同治茶陵州志古城格局图

护城河故道

豆巷

紫微门

南宋古城墙

功能的丁字相错格局，在古城南部集中建设区，有传统生活的“二十四巷”，最终形成了“淀湖纵贯，一城六门廿四巷；石堤御洪，湿地城河水相连”的历史城池格局。

古城南侧城墙完整，有紫微门、迎薰门及西南角楼；其他已损毁部分，仍存有城墙基础，整个城池的走线明确清晰。

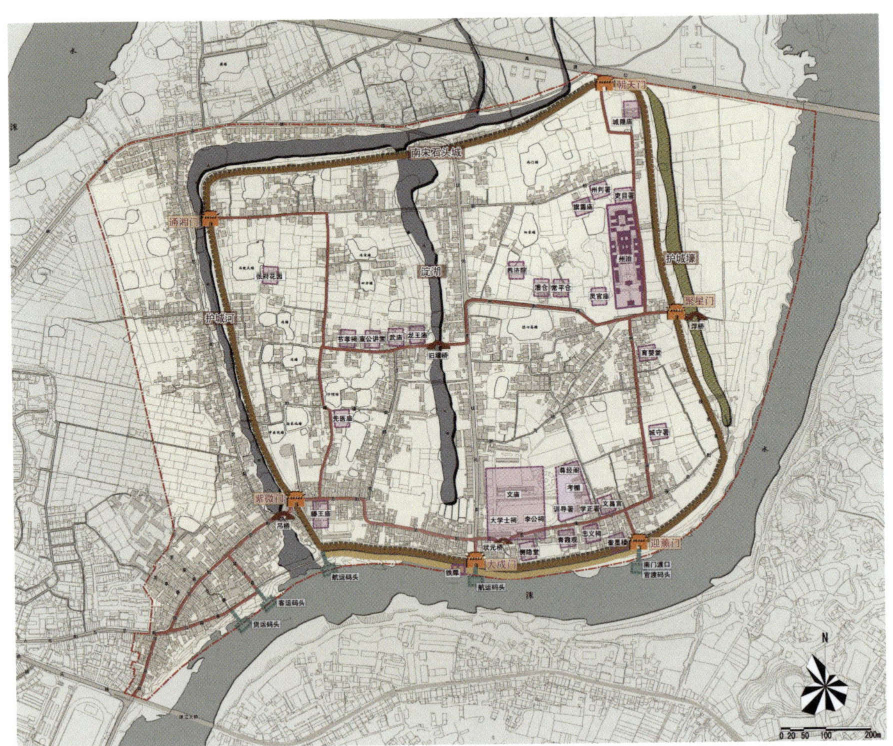

古城历史格局图

（2）街巷格局

作为州城与重要的商贸城镇，传统的等级制度在茶陵形成了特色的官道与商道，均与历史城门连通。茶陵古城南端五总街—四总街—三总街—迎湘门—二总街—一总街为传统商道；古城东端由南浦码头—迎薰门—迎薰街—南门上—州门前为官道。

二总街

德兴斋

一总二总街位于古城紫微门内，西接紫微门，东至状元街，有古城墙、铁犀等文保单位及 54 处历史建筑。街巷两侧历史建筑众多且风貌保存良好，体现了古城传统商贸特色。

三总四总街位于古城外，东接紫微门，西至洣江大桥，北达八总街，南临洣江，有福音堂文保单位及 41 处历史建筑。该地段是进入古城与商道相连的重要街巷，呈 L 形相交，两面临水，景观良好，交际巷是历史上繁华的休闲娱乐之地。

“州门前”包括州衙本体及州门前街巷北段，有工农兵政府旧址（州衙旧址）、德兴斋等文保单位及 10 处历史建筑。街巷格局特色鲜明，两侧建筑风貌良好，体现了茶陵古城州治格局。

德兴斋藻井

德兴斋建筑细部

张氏家庙

“南门上”南至迎薰门，北至洲上马地，有张氏家庙文保单位、南门渡口等文物及11处历史建筑。两侧建筑特色鲜明，街巷格局保留完整，公共建筑较多，是由官渡码头至州衙的必经官道。

传统条石码头

茶陵古城总工会旧址

3. 价值特色

（1）古城历史悠久、地理位置险要

茶陵作为炎帝神农文化发祥地之一，至今已有 2200 多年的建城史，保存有大量与神农相关的史迹与民俗传说，为神农文化研究提供了丰富佐证。

茶陵历朝历代均为湘赣边境的军事重镇，素有“吴楚雄关、三路襟喉”之称。

（2）尚存较完整的古城遗迹和城市格局

茶陵古城至今保留着南宋建成时古城格局与路网结构，充分反映了古人“相天法地”的择址筑城思想，古城墙等大量丰富的历史遗存是古代城池建设的代表。

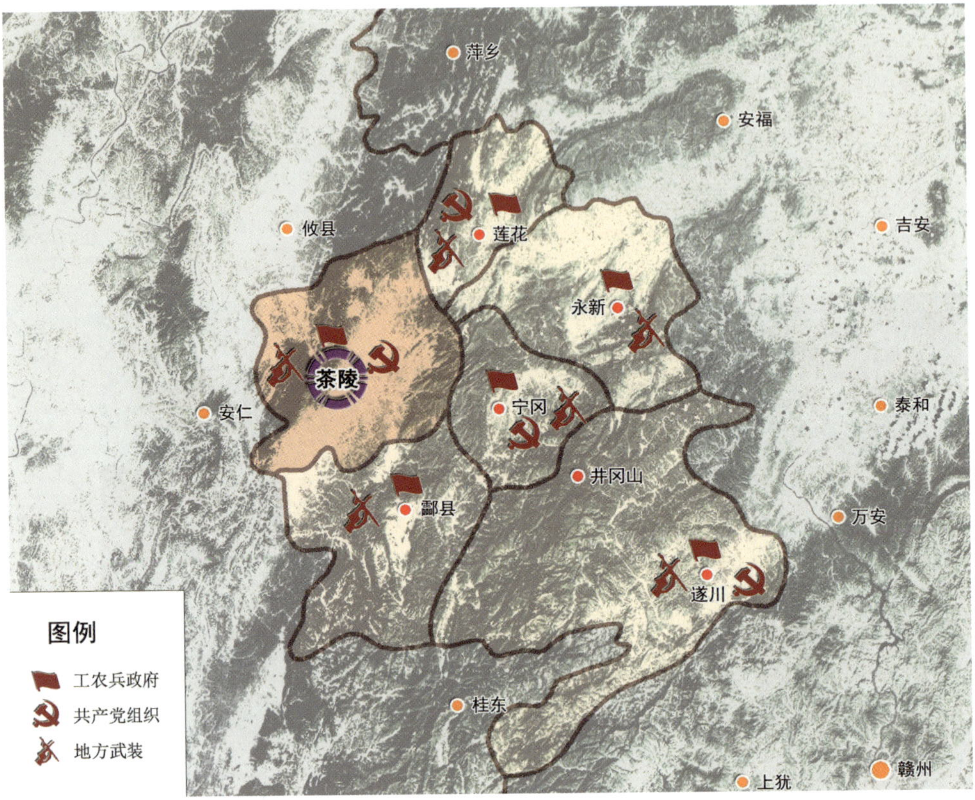

井冈山革命根据地示意图

工农兵政府旧址内部红色文化展示

（3）中国红色政权诞生的摇篮

作为井冈山革命根据地及湘赣革命根据地的重要组成部分，茶陵是全国第一个县级红色政权诞生之地，是红色文化研究不可或缺的重要节点。在这里产生了29位共和国将军。县城内有原工农兵政府、中共茶陵县委（福音堂）、毛泽东来茶陵居住地等红色遗迹；革命标语、毛主席语录等，都是茶陵作为红色精神家园的证明。

工农兵政府旧址

工农兵政府旧址主楼

云阳山

云阳山上南岳宫

（4）依山傍水的楚才之乡

茶陵自然风光秀美，具有良好的风景资源。茶陵古城周边，云阳山集国家森林公园、风景名胜区、自然保护区与地质公园于一身；东阳湖又有湖南千岛湖之称；洣水更是古城的母亲河。

茶陵历代人才辈出，有 127 名进士、38 所书院，是四大学士故里，以李东阳为代表的茶陵诗派，具有深远的影响。湘菜鼻祖谭家菜、茶陵湘剧、南岳宫庙会、木雕等各类非物质文化遗产令人着迷。

4. 保护建议

（1）云阳山自然资源得天独厚，但现状尚属初步开发阶段，较为粗放；东阳湖水体资源与周围山体资源丰富多样，是尚未开凿的璞玉，应注意保护这些资源，合理有序开发。

（2）现今茶陵建设新旧分开，形成了“良好保护”与“合理开发”并存的格局，应在保护与发展共生的原则下持续把握好建设尺度。

图文：
周丽娜　国家历史文化名城研究中心规划师

边城镇鸟瞰

湖南湘西边城古镇

1. 概况

边城镇，原名茶峒（茶洞）镇，位于湖南省湘西土家族苗族自治州花垣县域西北部，距花垣县城25千米，西与贵州省松桃县的迓驾镇和重庆市秀山县的洪安镇接壤，地处湘、渝、黔三省交界，被誉为“一脚踏三省”之地，是湖南省的西大门和湘西四大闻名古镇之一。茶峒一词为苗语音译，意为“汉人住的凹地”。自1803年起属保靖土司管辖，康熙时设乾州分防国站，清乾隆之后，茶峒为永绥厅协城，嘉庆八年（1803年）建集镇城墙，东西南北城门均筑有垛口和炮台，一直是军事防御要地。抗日战争时

坐落于古镇北侧的国立茶峒师范学校

国立茶峒师范学校礼堂

店铺

国立茶峒师范学校内景

期，华北、中原沦陷后，许多流亡学生和小商人避难于此，茶峒曾经热闹一时。1941 年，国民党政府曾在这里办起一所“国立茶峒师范学校”，师生员工有 500 多人。

古镇街巷

2. 古镇格局

古镇三面环山，一面临水，整体地势西高东低，地势变化丰富，地形特点明显。限于地形地势，路的另外一侧就是城墙，这也形成了其半边街（一边城墙，一边商铺）的独特面貌。城墙内外各有一条街巷，城墙外侧的叫东方红街，分布有各色商铺，其内建筑高大，开间宽阔，除墀头部分的些许装饰外，建筑只有必须的结构构件，形式朴素，每组院落通过店铺—天井—吊脚楼的组合形式，一字排开，从东

山水格局

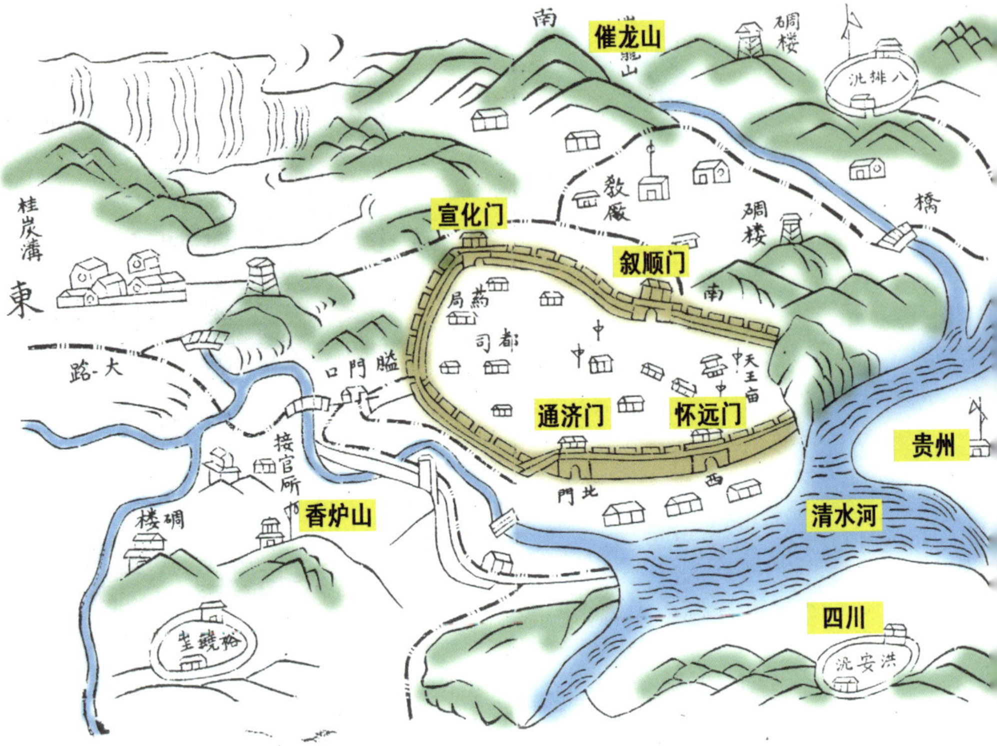

古镇历史布局图

方红街延续至江边；城墙内侧的城内街主要以民国和新中国成立时期风貌为主，街道比东方红街宽，沿路布置有商号、银行、影剧院、供销社等，建筑以青砖坡屋顶和砂石抹面为主。

临水街巷

沿江建筑立面

滨水吊脚楼

3. 建筑特色

三省交界的独特地理位置和汉、苗、土家三族混居的特点，使边城聚多种文化于一体，相包相容，和而不同。不大的古镇内曾有过天王庙、关岳庙、马王庙、禹王宫、万寿宫、文昌阁、普庆庵、观音堂、绿荫阁、香炉山寺等宗教建筑，多处仍然留存并沿用至今。民居多以吊脚楼为主，依山傍水的吊脚楼层叠而上、参差错落，别具风采。

4. 保护建议

边城镇现状格局清晰，街巷完整，历史建筑比重大，保护较为完好，并集中有诸多近代建筑，能够较为完整地体现由军事协城至商贸市镇的发展历程，具有较高的历史价值，对于研究湘西多民族聚居聚落也具有重要的意义和价值。古镇现主要依靠319国道对外联系，吉茶高速公路（长沙至重庆高速公路之吉首到茶峒段）的开通使边城镇的交通状况得到极大改善，古镇迎来发展机遇的同时保护工作的推进也迫在眉睫：古镇在发展的过程中对其内诸多建筑进行了修缮、改建、扩建，部分改、扩建筑高度过高、体量过大，对古镇风貌造成了影响，而修缮建筑过多地增加装饰性构件或将内部装饰构件外用，也对历史建筑造成了一定程度地破坏，影响了古镇风貌的原真性；古镇城墙的逐步拆毁破坏了原有的形制，而对于沈从文所著《边城》文学作品中所述场景和标志物的过度追求和再现，则对古镇的本质和格局造成了冲击。古镇在今后的发展中应以保护古镇格局为首要任务，控制新建建筑的体量和高度，对历史建筑的修缮应以真实性为首要考量，保护好这座风韵独特的湘西明珠。

图文：
刘振华　葛　亮　同济大学国家历史文化名城研究中心

聂市河

湖南临湘聂市古镇

1. 概况

聂市古镇距今有1800多年的历史，明弘治《岳州府志》、清康熙《临湘县志》皆有考证。据传，吴主孙权从陆城去黄盖湖考察黄盖操练水军情况，途径聂市，附近官绅在此接驾从而得名“接驾市”，后演变成“聂市”。聂市镇位于湖南省临湘市境北部，东抵湖北省羊楼司镇，西接岳阳市云溪区，南与五里牌乡接壤，北与源潭镇为邻，为临湘市重镇之一。

聂市是著名的产茶古镇，因茶而旺，有大型茶厂近13家，著名的茶品牌有：悦来德、大涌玉（山西官办）、大川、永巨。聂市茶业的兴起，也得益于羊楼洞茶业的发展：由于羊楼洞的交通不便，当地

做茶工具

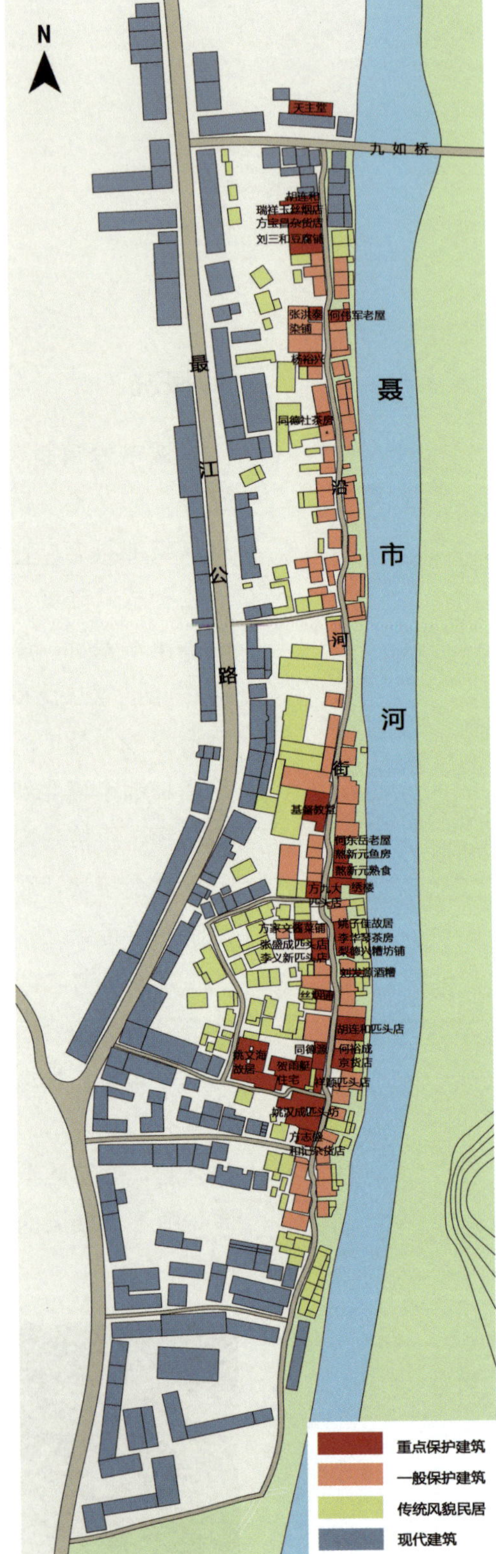
N
天主堂
九如桥
胡连和
瑞祥玉丝烟店
方宝昌杂货店
刘三和豆腐铺
张洪泰染铺
何伟军老屋
杨裕兴
同德社茶房
聂市河
最江公路
沿河街
基督教堂
何东岳老屋
熊新元鱼房
熊新元熟食
方九大匹头店
绣楼
方家文酱菜铺
张盛成匹头店
李义新匹头店
姚子佳故居
李华琴茶房
刘发源酒糟
丝烟铺
胡连和匹头店
同德源
何裕成京货店
姚文海故居
住宅
祥顺匹头店
姚汉成匹头坊
方志盛
和记杂货店
重点保护建筑
一般保护建筑
传统风貌民居
现代建筑

聂市古镇总平面图

上街

中街之一

中街之二

的茶叶都要经过聂市，由聂市河到达黄盖湖，再从太平口流入长江，通过水运销往各地。由此，聂市曾是湘北、鄂南一带的水陆交通集镇，是湖南省著名的口子镇之一，有“小汉口”之称。聂市镇也有不少做布匹生意的，这里的布匹主要来自武汉，聂市作为集散地，将布匹运往全国各地，其中最大的商铺（当地人称“匹头店”）为胡年和匹头店。

老街民居

2. 街巷布局

聂市老街为沿河街，临聂市河而建，呈南北向。形成于明末清初，分为上街、中街和下街，长约1200米，街面宽4~5米，路面约2米，蒲圻石铺地，两旁青石镶边，石下有下水道。老街有巷道约13个，小巷两边为高墙，中间是石块，巷宽1.5~2米。街道两边老宅、店铺林立。

3. 建筑特色

聂市镇由于交通便利，江西、武昌、山西等地的商人来此经商。建筑风格主要为典型的湖广民居风格。临街建筑基本上是三进或两进、

姚文海旧居门楼

姚文海旧居湿天井之一

姚文海旧居湿天井之二

姚文海旧居庭院

上下二层的楼房，每进用石铺的天井隔开。一层多为前店后宅；前进用于经商，中进、后进用于会客、住宿或堆放货物；楼上主要用于存放物品或住人，很少分隔。由于老屋都是紧密相连，共墙过檩，所以天井上方设有上小下大的木质天窗(又称“亮斗”)，起到采光的作用。

（1）姚文海旧居

姚文海旧居，位于聂市老街中段，向阳巷18号。现为同德源茶庄，后将改造为茶博物馆。侧立面为风水门，正立面大门卷棚，上层有漏窗，双天井院，中间有过院，过院柱础，二进骑门梁装修精美，有干天井、湿天井、亮斗若干。该建筑建于清代，内部砖木结构保存较好，整体风貌协调，外墙现已做了修缮。

杨裕兴匹头坊

（2）杨裕兴匹头坊

杨裕兴匹头坊，即杨裕兴住

姚汉成百货坊

天主教堂

宅，位于聂市老街中北段。始建于清代，建筑面积195平方米。建筑风格为前店后宅，现已作为住宅使用。青石大门，垂帘柱门罩，青砖雕成，气势雄壮。该建筑外墙保存尚好，但居民为改善居住条件已将内部改建。

（3）姚汉成百货坊

姚汉成百货坊位于上街中部。始建于清代，建筑面积280平方米。建筑风格为前店后宅，现已作为住宅使用。临街面无砖石墙体，全由天槽、地槽夹持的木桩支撑门板，早晨卸下，傍晚装上。屋内还保存有上小下大的天窗，即亮斗。

（4）天主教堂

清宣统元年（1909年）修建的天主教堂位于下街末端，是由西班牙传教士办的，其主体建筑完好无缺。特别是该教堂的门楼除“天主教”3字外，还有中国的传统装饰图案，为花纹、连花、花鸟、人物、亭台楼阁等，是地地道道的中西合璧。

（5）方氏贞节牌坊

在中街，清乾隆二十四年（1759年）建有一座华美的方氏贞节坊。1967年破“四旧”，被拆除，仅剩一道耳门的下半截，其横档上的“八仙过海”石雕也被凿得面目全非。

（6）古码头

石板街的东部，即沿聂市河一侧，有方志盛、牌楼口、万寿宫、康公庙、土地巷、方九太、金福堂等13个码头，其中，方志盛码头、下江码头、大和诚茶帮码头为主要的三大码头。聂市码头自唐代以来为商业运输的重要门户。

方氏贞节牌坊

4. 非物质文化遗产

（1）“十样锦”吹打乐

聂市“十样锦”吹打乐是清光绪中期由江西移民带来的，属道教音乐，许峥军为创始人。“十样锦”由打击乐和“进城”“白牡丹”“瓜子仁”3 个曲牌共 4 部分组成。“十样锦”吹打乐由 10 人演奏，有打击乐器小堂鼓、驳鼓（一人演奏）、大钹、中钹、小钹、中锣、嘀锣、马锣、当锣和两支管乐器（笛子）共 10 样乐器，故名“十样锦”。这类乐曲和十样锦至今仍在民间流传不衰。

（2）抬故事

抬故事，是一种古老的民间表演形式，一般选择 10 岁以下儿童作为表演者，站在特制的故事棚架上展示故事中的人物形象，人们可以根据人物造型及装扮，猜出其中的故事内容。在聂市，最为热闹的是上、下街抬故事比赛。上、下街的一方先扎好一抬故事，由少数人簇拥着，敲锣打鼓抬到对方范围内游行一周后返回，如果对方半天不应战，又扎 1 ～ 2 抬故事，并含讽刺意思以挑起对方应战，于是竞赛就开始了。故事的形式多种多样，有方桌故事、采莲船、竹马故事等。抬故事从农历大年三十开始一直持续到正月十五元宵节夜才结束。

（3）灯舞

聂市地区相传已久的舞龙、舞狮、采莲船、地方花鼓戏（今“采茶戏”）等，久享盛名，各个村组都能玩一至两种。春节期间，四乡的龙灯、狮舞和各种花鼓等都到集镇庆贺新春。

5. 保护建议

聂市古镇保存较为完整，2008 年被湖南省人民政府评为“湖南省历史文化名镇”。古镇中一些老屋基本保存了下来。聂市人民政府已经做了聂市古镇的规划和保护，但上街和下街建筑破坏较为严重，建议加快对古镇上街和下街的保护和修复工作，恢复古镇街巷的传统风貌。

图文：
赵 逵 华中科技大学建筑与城市规划学院教授
白 梅 华中科技大学建筑与城市规划学院硕士

明中村远景

湖南怀化明中古村

1. 概况

明中古村位于湖南省怀化市沅陵县城东南30千米的荔溪乡，分戴家组和夏家溪组上下两片，两组相距不过2千米。其中，戴家组为明末清初遗存，占地近40亩；夏家溪组分布在夏家溪两侧，占地26亩。

明中古村地方语言、风俗比较独特。在当地群众日常生活中使用的语言人称“瓦乡话”，说这种话的人自称“瓦乡人”。据《沅陵县志·方言篇》载，“乡话属于汉藏语系苗瑶语族苗语支”，这种语言被完整保存下来，是当今语言学术研究难得的“活化石”资料。

2. 古村布局

明中村是自然形成的传统村落，古巷幽深，绿树成荫，溪水潺潺，飞檐碧瓦，石板岩门，院落宽敞，民风淳厚。戴家组位于四面环山的一个小盆地中，村北有一条东西向的河流，河流北侧有道路连接沅荔公路。戴家组民居建筑依山而

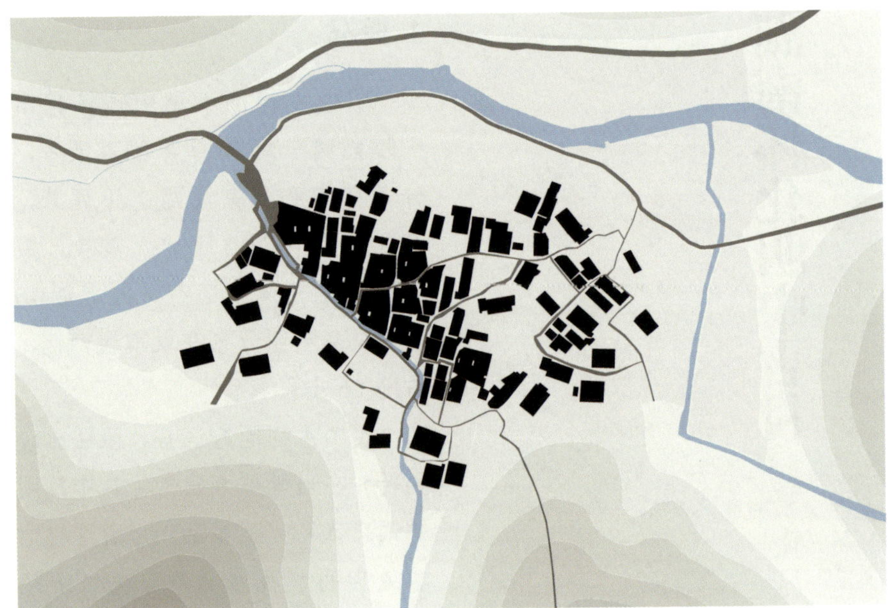

戴家组格局

戴家组巷道

戴家组村路

戴家组民居屋顶

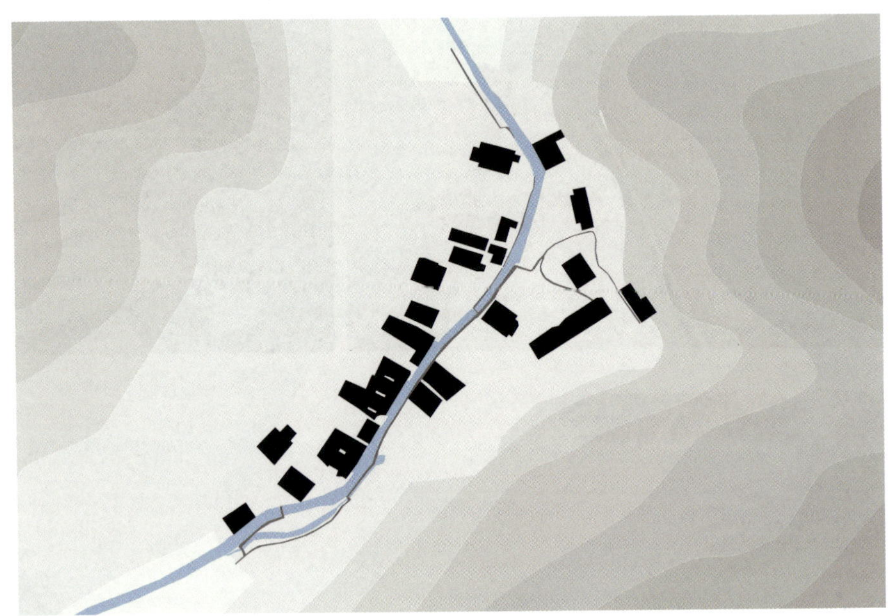
夏家组格局

建，坐南朝北；沿村内的主要巷道有一条小溪由村口向西北蜿蜒至山顶斜道，村内的主要建筑均坐落在小溪的东侧。夏家溪组位于两山之间的夏家溪两侧，小溪自东北向西南穿村而过，溪流北侧民居门口均有简易木桥横跨于溪上。两处聚落均掩映于群山中，自然环境十分优美。村内有古银杏、古柏 10 余株，均有百年以上的树龄。

夏家组村落

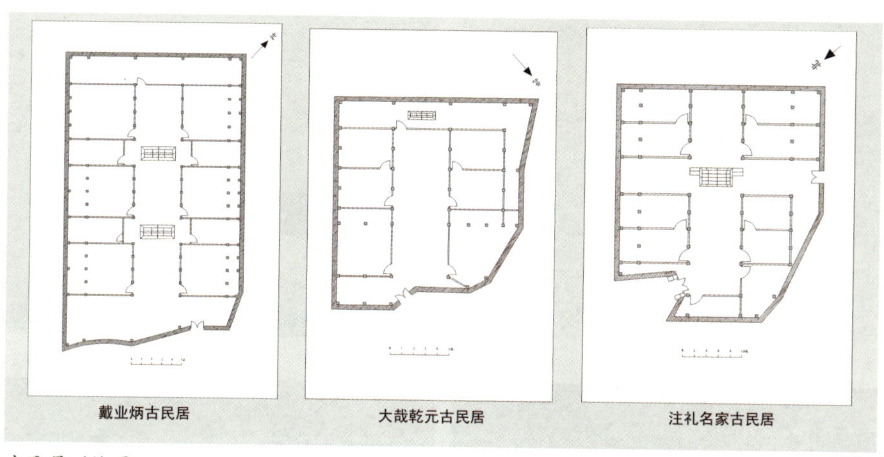

古民居测绘图

3. 建筑特色

明中村这两组村落总体保存较好。其中戴家组的戴业炳古民居、大哉乾元古民居、震宅宏基古民居、注礼名家古民居以及夏家溪组的夏家溪古民居最为精彩。这些民居四周均有封火墙围护，开门位置不固定，一般门口朝向村内的主要街巷。民居均为挑梁穿斗式木构建筑，面阔三间，进深二到三间不等，小青瓦盖面，前后厅之间设天井，东西设厢房。这些民居具有比较典型的“窨子屋”的特点。

古民居大门

夏家组铭文砖

建筑细部

木雕窗花

三制古井

民居的建筑细部保存较多。在这些传统民居的封火墙上有多处铭文砖，能清晰地看出建筑建造的年代以及当时的一些历史信息，如录取生员的捷报、当地人参加乡试的记录等。门柱和门楣的刻字及题联清晰完整，室内窗雕梁刻大部分保存较好。村落内还有清道光年间（1821—1850 年）举人旗杆台、三制古井等构筑物。

4. 保护建议

明中村应注重保护其山环水抱的村落格局和丰富浓郁的农耕文化。以群山为背景、河流为前景，既能取得开阔的视野，又能增加景观的层次感；建筑因山而凝重、因水而生动，村落北面的河流以及穿村而过的溪流，调节了村落的小气候，而重山环绕，则可以避风，创造了藏风聚气的环境。当地有舞龙、狮舞、蚌壳舞等广为流传的民间艺术。村民以崇文为荣，多处铭文砖均记录了当地与科举考试相关的事迹，民居建筑上的刻字题联等也处处体现了以读书为荣的传统思想。

古村落的宜人环境，正是“采菊东篱下，悠然见南山”的真实再现，这种宜居的生活环境经过时间的沉淀，已经上升为恬淡生活的理想境界。

图文：
李　栋　上海同济城市规划设计研究院

浪石古村鸟瞰

湖南武冈浪石古村

1. 概况

浪石古村位于湖南省武冈市东北部双牌乡浪石村，地处武冈、新宁、邵阳、隆回、洞口5县市交界处，距武冈市约60千米，距隆回县城约30千米，古有“鸡鸣五县”一说。历史上浪石古村是周边各县边境的经济中心和交通枢纽，石板大路四通八达，有“小南京”的美誉。

岷庄王朱楩于明洪熙元年（1425年）迁居武冈，传14代，历时252年。王祖清跟随朱楩为官，其长孙王政海于1409年迁来此地定居，当时叫李家坝。因其后山上石板层层翻起，形如波浪，亦取“浪人至此，如石生根”之意，遂改李家坝为“浪石”，此名一直沿用至今。清康熙五十二年（1731年）起修建大院子，清光绪年间(1875—1908年)至民国初年，修建二房头、上房头、刘家坳。王家在此世代相传，不断购田产建房屋，形成了现在的古民居院落群。

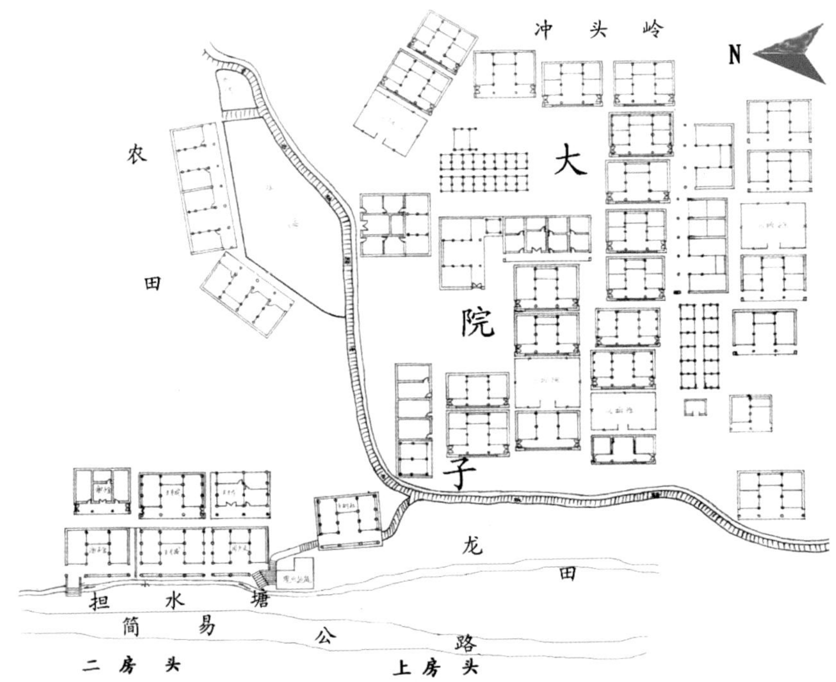

大院子建筑平面布局图（尹灯山 绘）

2. 古村布局

浪石古村选址于山坳处，四周均有高山环绕，整体布局沿等高线的变化呈内凹弯曲状态，呈现向心、内聚形态，古村借助山势作屏障，凸显有力的防御功效。担水溪横亘其中，蜿蜒前行，形成古村外部空间景观核心。民居建筑群顺应地势依山而建，呈扇形展开。整体走向呈现东南低、西北高的态势，既有利于组织夏季通风，又可阻挡冬季

村落格局

浪石古民居群入口

风火墙

街巷之一

寒风侵袭。主体建筑坐西北朝东南，由山脚向山腰层层递进渐次展开。宅院前后相连，左右毗邻，巷道狭长、山墙高耸、出檐深远，形成围避性极强的外部空间形态。这种看似封闭、呆板、缺乏邻里交往的空间形态，却体现了最淳朴厚重的人文关怀。以檐口、院墙为界面的巷道空间，与当地常年多雨、日照时间较长的气候相适应，有效地缓解了降水及日晒对村民出行的影响，同时又形成风道和景观走廊，联通古村纵向空间，局部调节古村空间小气候，并将担水溪景观引入古村内部。层级式布置的院落纵深方向联系紧密，强化邻里联系的同时，简化了污水、雨水排放系统，保障了古村自洁功能的高效性，提高了古村对外防御功能。

街巷之二

俯瞰院落

3. 建筑特色

浪石古民居群均依山而踞，依势而建，规划有序，布局合理。上房头、二房头毗邻而就，横向 12 排，纵向 5 ～ 6 进，每排以封火山墙相夹的青石板小巷相隔，每进均有两个门角牌楼的通廊相连，除正中一处四合院采用天井采光外，其余均利用前后宅院间的高差采光，这在国内较为少见。村内民宅平面成“U”形或长方形布局，前后宅院连而不通，邻而不扰，既保持了传统礼制内向、私密、主室突出的内部空间景观特点，又营造了和缓、紧密、平等、开放的邻里环境。建筑细节装饰，如门、柱、梁、墙、窗的艺术处理手法高超，体量均衡，虚实得当，精致的雕饰与大片的屋

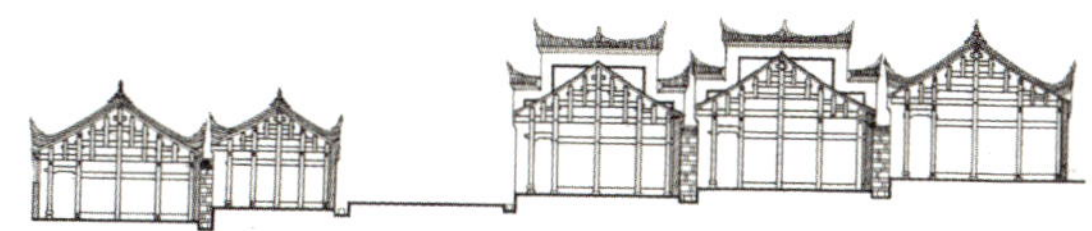

上房头建筑群纵剖面图（尹灯山 绘）

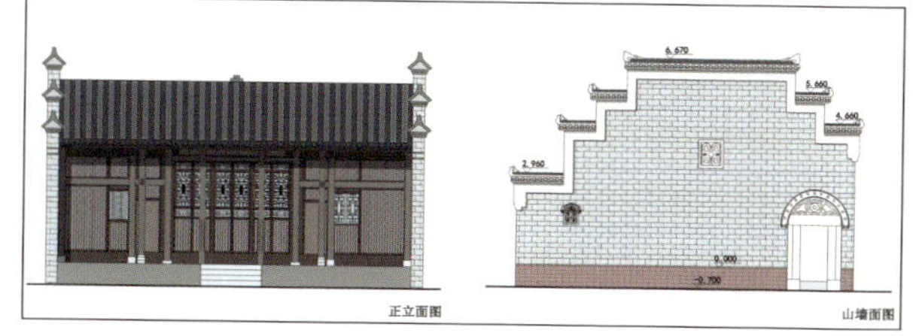

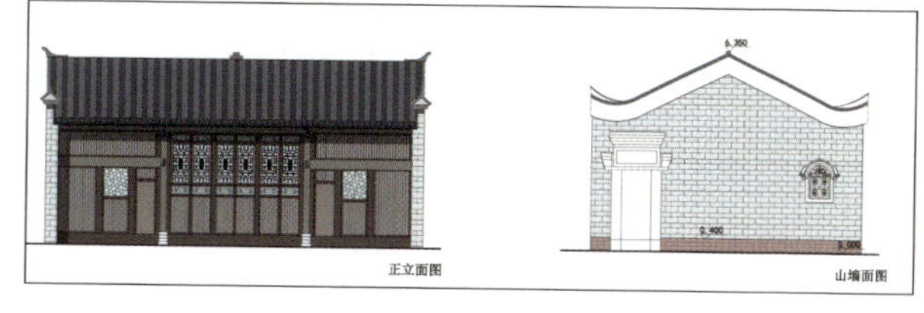

重点建筑测绘图

门楣

木雕

面、厚重的墙体形成有序对比，展现出统一而又富于变化的古村空间特色。尤其是现存石刻楹联40余副，对于研究明、清居室楹联、书法具有非常重要的意义。

4. 保护建议

（1）“天人合一”传统风水理念典范

在古村选址与空间格局上，浪石古村遵循人与自然共生的风水格局；大岭山、古来峰、峰奇岭、冲头岭、鸟语岭和石牛岭连绵成一条巨龙，古村坐落于虎形山背部、群山环抱的山坳内，弓形担水溪自西北向东南横贯其间，将盆地分似“太极两仪”，依据“水来处开敞，水去处封闭”的传统风水观念组织水口，在担水溪入村处以开敞空间形成古村入口门户，在流出处建造水

传统建筑

口桥、剪刀桥以镇锁水口，最终形成了龙卧虎踞、趋吉避凶、开源守财的古村格局形态。建议进一步维护古村现状格局，完善对现有格局的管理体系。

古楹联之一

古楹联之二

（2）“田园乐章”自然乡村生息福地

浪石古村群山环抱，溪塘纵横、田园交织如画，在最本真的自然中回归以最原生态的乡村风光，展现出农耕时代的民俗农庄，阡陌交通、鸡犬相闻，以桃花源的节奏谱写一曲恬淡的田园乐章。建议加强环境管理，使古村保持原生态风光。

（3）“耕读百世”醇永民俗文化标本

浪石古村民俗文化浓郁，楹联集中，联语、书法、雕刻俱佳的古楹联村在省内是唯一的，在全国也是罕见的，被誉为“潇湘楹联第一村”，充分地展示了浪石古村的耕读文化特色与人文底蕴。作为曾经的家族聚居地，浪石古村保存的传统建筑群，其独特的堂屋大门、步廊、角门及封火山墙等建筑构造及细部雕刻构件，展现了建筑历史文化及地方民俗手工艺术。浪石古村的建筑文化与楹联文化是湘西南隽永的民俗文化标本。建议进一步加强对古村传统建筑和楹联文化的保护意识。

图文：
徐　琳　同济大学国家历史文化名城研究中心

赵家井古村鸟瞰

湖南永州赵家井古村

1. 概况

赵家井古村位于湖南省永州市东安县芦洪市镇东南 5 千米处，是在民国初期民主革命与中西文化交融的背景下所形成的民居聚落。唐生智曾任国民党一级上将、民主革命中央常委，1927 年，唐生智回乡修建自宅，命名为“树德山庄”；之后又于山庄北侧创办了耀祥书院（现为耀祥中学），与山庄连为一体；随着学校的创办，围绕树德山庄逐渐形成了独具地方特色的民居聚落。

2. 古村布局

聚落依山傍水，东靠低矮丘陵，伴有铁路、国道南北穿越而过，西面宽阔稻田，稻田以西为应阳河（现名芦洪江），河畔向西为梨山，是谓前有照、后有靠的风水格局，体现了中国传统民居选址中的堪舆思想。聚落以树德山庄和耀祥中学建筑群为核心进行布局，南北各开辟一条村道，民居依次分布于两侧。

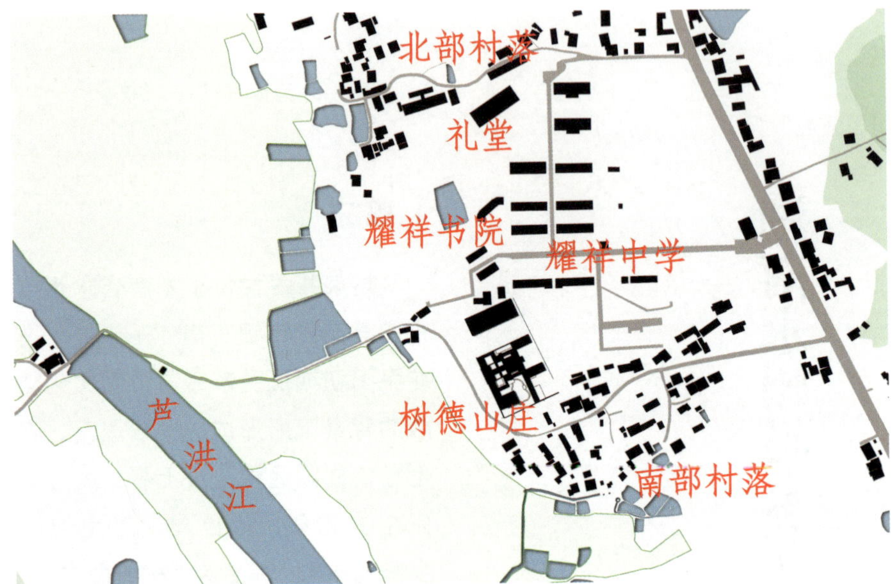

赵家井村格局图

稻田梨山

主楼

主楼正立面

3. 建筑特色

树德山庄是一处规模宏大的庄园式建筑，总体布局为长方形，有内外两重围墙，由门楼、主楼、洋楼等建筑构成，山庄建筑依中轴线两侧对称排列，并构成前院建筑密集、后院疏朗的布局，主楼和洋楼为中西合璧的建筑风格，在小青瓦屋面、石台基、青砖墙等传统的砌筑方式上，辅以西式建筑的拱券、壁炉、彩色玻璃窗等装饰构件，建筑色彩鲜艳并且富于变化，既具有中国建筑风格的庄严，又有西方建筑风格的活泼、生动和适用。高大的门楼，庄严肃穆，显示出主人的权势地位，其歇山顶、青砖铺地是中国殿堂、衙署的建筑格式；但小的天井，曲折的走廊，窄的仆人房，矮的隔墙及青石阶又是普通民居的样式和风格，具有官式建筑与民居建筑风格相结合的特点。

洋楼

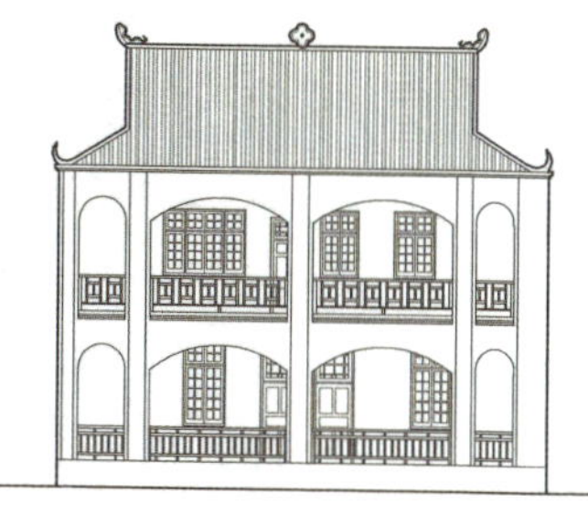
洋楼立面

洋楼二楼内廊

耀祥中学礼堂

山庄的园林也别具匠心，层层院落以不同花木及盆景点缀，院内建筑用一条长长蜿蜒的连廊串联在一起，连廊迂回曲折，随屋而转，曲径通幽；前院天井内名木茂盛浓荫，后院花园花草扶苏；中式的亭台、西式的花坛，相互映衬，在当地居民中格外独特。

耀祥书院位于山庄北面，两层外廊式楼房，砖木结构，平面呈折线形。双坡屋顶，盖小青瓦不出檐。其南面围一小院，植松、柏、铁树。当年作为藏书之用，建筑内至今还保存着千余册藏书。耀祥中学礼堂位于书院北侧，平面为长方形，四面均设有门窗，屋顶为简化后的歇山顶，山墙上绘有五角星一枚，外墙现为红色，辅以白漆勾砖缝。

耀祥书院

八角亭

4. 保护建议

赵家井村的最大特点在于其体现了20世纪初，中国民居在民主革命思想与西方建筑思潮的影响下的建筑文化传承与转变，同时多处与湖南和平解放相关的建筑遗存也是革命历史的见证。整体民居聚落的空间形态、建筑布局、院落空间、园林艺术、自然环境等，也体现出其极具近代特色的风貌特征。

然而，目前除文物保护单位外的传统风貌建筑并没有得到有效的保护与修缮，周围的环境也缺乏相应的保护和控制；周边民居的无序改建、拆除、新建等行为，对其整体风貌已造成了一定的影响，应加强传统民居聚落整体性的保护与传承。

图文：
吴莎冰　联创新锐设计顾问（武汉）有限公司
丁　援　湖北省文化厅古建筑保护中心
摄影：刘建林
参与调研人员：
陈文明　曹　莉　李　杰　姜一公

南阳闸及月河桥

山东济宁南阳古镇

1. 概况

南阳古镇位于山东省济宁市微山县西北部，地处独山和南阳二湖的交汇处，辖湖面15万余亩，由南阳岛和散居湖中的80多个小岛屿组成，或以莲荷相接，或以苇田相连，或以明水相通。南阳古镇四面环水，京杭大运河穿微山湖和古镇而过，形成了一座特色鲜明、格局完整、风景秀美的水乡古镇。

南阳古镇的历史可追溯到2200多年前战国时期，元代时在大运河建起南阳闸，便以闸名为镇名。明代中期，南阳更与夏镇、扬州、镇江并称古运河畔“四大名镇”。清代南阳愈加繁盛，清政府专设守备常驻镇上，设置管河主簿专管防务、监运税收，管理运河水闸，由此有了“小济宁”之称。

2. 古镇布局

南阳古镇集“大湖风光、古镇风貌、渔家风情”于一体，构成了“岛在水中，河在岛上，镇在湖内”的奇特的北方水乡格局。南阳岛形

古运河鸟瞰

如琵琶，东西长约3500米，南北宽约200～500米，岛上至今仍保存着完好的历史城镇格局。南阳古镇拥有开阔的湖泊和悠久的运河，与河相依的街道、与水相通的巷道，以及枕水而居的院落，使得古镇从建筑风貌、物质空间形态，到城镇的性格与气质，都被深深地打上了运河的烙印。

镇区沿着南北向古运河呈带状发展城镇形态，形成一河两街的格局。古镇形成了以古运河为主轴，

南阳老街之一

南阳老街之二

南阳老街之三

“三纵三横”的鱼骨状街巷格局。古镇上与运河平行的 3 条南北大街和多条沿古运河向东西伸展的街巷、街道均以青石板铺砌。其中与古运河平行的南阳街是古镇最主要的街道，它北通南阳闸，南接书院街，街道两侧为石垒石阶，街边商号林立，有粮行、当铺、杂货店、绸布店和竹物场，还有客栈和渔市。古运河两侧为“商—屋—街—河—街—屋—湖”的空间断面，由北向南依次有月河桥、状元桥、延德桥联系东西两岸。南阳古镇至今仍有南阳闸、月河、石驳岸、古码头、古石桥及康熙，乾隆宴饮，旅居的遗迹等与水利相关设施。

“皇帝下榻处”入口

3. 建筑特色

南阳古镇现今尚保留有清代风貌建筑群 20 余处，民国风貌历史

清真寺大殿门窗细部

清真寺

河神庙遗存

枕水而居的院落

建筑10余座，以及南阳闸、利建闸、新河神庙遗址。

南阳古镇的传统建筑前沿街，后连院，背靠水，不受北方合院建筑形制的约束，不拘泥于南北朝向，往往都是横向成片分布，随着古运河的流向而有序生长，傍河而住即为古镇陆居的形式，房屋多是青石砖瓦和木质结构的传统建筑，街道为青石板铺砌，房屋均石垒台阶，厦檐伸出街面，房后为住家院落，院落屋后便是运河航道。古镇四周的湖中渔民，常是逐水而船居。

民居形式基本上是东西向合院，有三合院、四合院的形制，有一进或者两进的层次，有前商后宅或前门后院的布局方式，商业用房多为二层，居民住宅主要为一层。沿着南阳街，两边的商铺房屋厦檐几乎对接，所以南阳街上有“晴不见日雨不漏水”之说。

南阳街与运河之间是密密匝匝

清代钱庄入口

清代钱庄通往运河门楼

清代钱庄内院

清代钱庄门楼砖墙

的商铺和住家，传统的横向院落与运河相垂直，沿街设店，形成前店后宅，下商上住的格局，住家后院紧邻顺河街，与运河相邻。南阳最有特色的建筑环境当属书院街和状元胡同一带，院落户户毗邻，前面街后靠河或前临河后跨院，这些保留下来的宅院是古镇清代历史街区的突出代表，是古运河沿岸居住聚落发展的文化缩影。

4. 保护建议

南阳古镇和其他运河古镇一样，经历着遗产保护与城镇发展的

运河沿岸

挑战和机遇。为了更好地保护与发展南阳古镇这一宝贵文化遗产，同济大学阮仪三团队进行了十余年的持续跟踪研究。

2007 年 12 月，《微山县南阳古

镇保护与旅游发展规划》通过专家评审。2008 年微山县成立南阳古镇旅游管理委员会，古镇保护与发展工作正式启动，在 10 年间提出了若干保护建议并开展了以下工作：建议对老运河进行清淤疏浚和加固沿岸堤坝，完成了运河、沿河石驳岸、小码头、桥梁、主要水闸的修复或重建；建议对南阳闸进行抢救性保护，在其文物本体上建设可逆的工程构筑物，修建了月河桥；建议对古镇内 7 处文物保护单位按文物保护要求建立保护机制，这些文保单位在 2013 年被列为山东省级文物保护单位；建议对古镇范围内历史建筑进行整治修缮，改善居民生活环境，提高居民的生活质量；建议并促成古镇基础设施（道路、给水、排水、电力、电讯、消防、市政小品）得到全面建设和提升。

南阳古镇从规划编制到实施经历了 10 余年时间，始终认真按照规划要求进行建设。规划团队与当地政府建立了长期合作机制，随时提供设计咨询工作，与当地政府紧密合作。经过合理的保护与发展，南阳由当年的“古镇显古，内涵不突现”发展到今天的“古有其味、运河上名副其实的名镇”。2013 南阳古镇成功入选“好客山东最美乡村”。2014 年 3 月，南阳古镇评选为“中国历史文化名镇”。

图文：
姚子刚　华东理工大学景观规划系副教授
庞　艳　上海同增规划建筑设计事务所有限公司设计总监
张　杰　华东理工大学景观规划系教授
李文墨　同济大学博士生
徐启祥　上海同增规划建筑设计事务所有限公司设计师

独山岛村落鸟瞰

山东济宁独山岛古村

1. 概况

独山岛古村隶属于山东省济宁市微山县两城乡，位于独山湖中，西北接南阳湖，西、南两面连接昭阳湖，占地面积约3平方千米。独山岛古村与微山县两城镇隔水相望。它的北面是凫山山脉的桃花山、凤凰山、白马山、老磨台。

独山岛古村东西狭长2千米，南北约1.5千米。独山山体位于整座岛屿中部，建筑与村落沿着山势高低自然分布。以自然山脉分隔，岛上有独西村、独东村两个自然村。

近年，考古工作者在独山岛上发现多处古墓，并出土了一批汉画像石。独山岛古村历史可以追溯到2000多年前，独山湖北岸古高平郡治所两城，早在秦汉时期便是富庶发达之地。

2. 古村布局

独山名独，亦风光独具，集群山之雄伟，兼水乡之柔润，其四面临水，均被鱼塘和湖泊所环绕。近望漠漠平湖，碧波澄澄，远观诸峰竞秀，霞蔚云蒸，“独山倩影”、“独山落日”为微山湖上著名的风景。独山山体是凫山山脉的余脉，登上山顶，俯首南望，湖面茫茫无际，水天一色；从岛顶北望，山山横亘，岭岭连绵，如巨大屏障，环卫着独山湾。

古村山体最高处海拔约100米，山峰多石，中部偏西处有一片落差近30米的低洼区域，其中有一巨石突兀，拔地而起十数米，倾斜有度，摇摇欲坠却又安然无恙，实为北方少有的山石奇观。

受到地形地势和传统聚居形态的影响，古村民居传统院落背靠山体，建在由高到低的坡地上。街巷布局展现出一定的风貌特色，其空间曲折、敞敛有致。街巷相交，街口环境独特。在不同的街道与巷道

巨石景观

巷道之一

巷道之二

巷道之三

交叉口，或可南眺湖光山色，或可领略渔家风情，从而构成独山岛古村内外与周围自然风光景色融为一体的风貌特征。

独山岛传统村落布局至今仍然保留着“十字街”的格局，形成连接东西两村落的东西长街，和贯穿南北的，直通湖面的主街，历史上这里曾是蜿蜒溪流贯穿其中，宅院商街相映成辉的繁华街市。曲折的巷道以山势延伸，或拾阶而上，或缓坡而行，变化多样，构成主次分明、井然有序的空间形态。

东西街之一

东西街之二

朝阳洞建筑群

关公庙

3. 建筑特色

独山岛古村现有的历史遗存有道教遗迹朝阳洞、主街上的关公庙建筑。

朝阳洞高数尺，洞中有洞，口似卧瓮，洞口与南面庙宇正殿相连。庙宇为四合院格局，依山而建，除朝阳洞外还建有前殿、配殿、献殿等，靠东侧保留了一组三合院落，内有财神殿、三清殿等建筑。朝阳洞正殿为歇山屋顶，三开间形制，外立面装饰华美，其他建筑均为双坡硬山屋顶，建造精简朴素。

关公庙建筑坐落于独西村，十字街上南北主街的北端。建筑为砖石砌筑而成，建造在约一米高的石块基座上，建筑墙身高度二分之一处为石砌，门洞上方则为砖砌。建筑为双坡硬山屋顶形制，屋顶坡度较陡，为举折做法，屋脊处有砖砌装饰，屋面为筒瓦铺设。建筑正面仍保留着传统风貌，背面紧邻学校建筑，部分立面已被破坏。关公庙建筑正立面中部为拱形门洞，门洞上方为砖过梁，过梁上部为石嵌牌匾，门洞两侧分别为方形窗洞，窗洞上方均为木过梁，窗户为木格栅形式，与独山古村传统民居建筑风格相协调。

古村的民居多为石墙石屋，映衬在葱茏的绿树丛中，古朴、幽静。各类居住建筑形成了独特的二级居住体系（即分布于台地或坡地的散居形式、以巷道为单位的坊居形式）。

独山岛古村民居宅院布局以三合院形式为主。一般三合院多为一进院，有正房，厢房、南房；若遇两进院落，则无南房。这里的民居一般多向南或东南开门。院墙以房

民居大门之一

民居大门之二

民居大门之三

民居大门之四

民居宅院

台地民居入口

门窗细部

屋周围建宅院，将正房、厢房大门等围合成一个空间，形成院落。院墙多由石块、砖块砌筑而成，与主体建筑的石墙材质相映成趣。在传统入户门头、门柱上方多有反映地域特色、受历史文化影响的装饰性雕刻，体现自然、淳朴的美感。

台地民居依地形地势而建，宅院入口处设置石阶，与街巷落差自然衔接。整个宅院建在统一标高处，通过石砌院墙围合，巧妙处理了外立面高差，取得一处开阔、自由的院落空间。

独山岛古村传统建筑的门窗洞口有矩形或拱形，门以木板形式为主，窗扇多为棂格木质窗，门窗洞上方过梁有砖砌、石砌方形、拱形形式或木质横过梁形式等。部分门洞上方或两侧有不同纹理的石刻装饰。

石砌院墙之一

石砌院墙之二

4. 保护建议

随着现代生活进入独山岛古村，村民日常生活发生了变化，现代化家用电器设备和交通工具的采用，改变了村民的生活与出行方式。对现代居住文明的需求，迫切要求提高和改善居住环境质量等，都对独山岛的保护工作构成一定的矛盾和难题。虽然古街巷和石屋的基本格局和整体空间形态依然保存，但其中不少建筑已经坍塌，并且自2000年以后又进行逐步改建和翻建，甚至重建了一些民房，其形式、体重、尺度和风格等，与原有传统历史风貌很不协调。

由于独山岛古村的基础设施缺乏，不能满足现代生活的需要，加上一些居民的不良生活习惯，造成局部环境卫生状况较差，生活污水随意排放，生活垃圾随处堆放的局面。

近年来当地政府进行美丽乡村环境整治建设，在村落环境卫生方面有一定改观。但是，朝阳洞、关公庙等历史建筑保护面临着严重的资金缺乏，一些传统石屋破损严重，亟待进行抢救性修缮。为了满足旅游发展需求，主街上的石墙石屋被粉饰上白色涂料，严重破坏了原有的传统地域特色。因此，迫切需要制订有效的保护策略，调动群众的积极性，设法广开资金来源，为独山岛古村的历史建筑保护和风貌恢复提供财力支助。

图文：
姚子刚　华东理工大学景观系副教授
庞　艳　上海同增规划建筑设计事务所有限公司设计总监
参与调研人员：
李文墨　徐启祥　冯家族

河阳古村标准四合院风貌

山东龙口西河阳古村

1. 概况

西河阳古村位于山东省龙口市东城区东北6千米的黄水河东畔、丛林河北岸，村西北距黄水河入海口的黄河营古港约6千米，登州府至黄县的古驿道穿村而过，交通便捷。村子周围的汉代古墓群表明早在汉晋之际，西河阳村已是人烟繁盛之地。根据家谱记载，最晚在明中叶，村中已有宋姓、马姓、王姓、徐姓等人家居住，张姓也在清初由一沟（小沙河）之隔的河阳村迁居西河阳村。

西河阳古村从文习武之风盛行，清代文武科举中试者多达50余人；传统商业文化更为发达，早在清初已有村民泛海贸易经商或至京城开碓房粮店，至清末民初，村中商户足迹已遍及北京、营口、大连、沈阳、青岛、无锡、上海、日本大阪等城市，知名的商号有王氏“吉元”“协兴万”“同德店”，马氏“三合”“万茂”等；村内手工业作坊如粉坊、酒坊、油坊、豆腐坊等众多，1949年后成为村办

前街南北小支巷

龙街民居

龙街北段风貌

企业的源头。

商户一面在外挣钱，一面回乡营屋置产，至清中叶，除古驿道龙街两侧外，东西大街东部、后街、前街渐已盖满房屋；清咸丰九年（1859 年），为抵御捻军环村修筑圩子墙和壕沟，并在龙街和东西大街两端设四门，雄伟壮丽远近闻名。

西河阳村选址示意图

2. 古村布局

西河阳古村，“南有双溪，西北抱流”（《张氏家谱》序言），具有鲜明的风水选址理念，村东小沙河与村南丛林河的交汇处，清康熙初年建有老黄县八大名寺之一的丛林寺。

村内王、张、马三大家族聚族而居，以龙街和东西大街为十字主街的“四街八巷”街巷骨架，串联起龙街王氏家族、后街张氏家族、前街马氏家族等三大片居住片区，东西大街胡同纵横交错，门宇墙体整齐划一，传统街巷格局风貌十分完整。

南北向纵贯全村的龙街，与东西大街相交于村落中部偏西。十字街口，原有关帝庙一座，东西两侧不远，各有一棵约 500 年树龄的古槐树，被称为安村古槐，表明此片区域是村落最早的建成区。龙街以东，村南半边有前街，北半边有后街，均平行于东西大街，串联起 6 条纵巷、2 条横巷。除龙街和东西大街总体通直外，其他街巷多略有转折错位，街巷正冲之处出于旧时风水观念的要求，或设有庙宇，如后街与龙街交汇处的海神娘娘庙，或建筑墙上镶“泰山石敢当”等防冲避邪字句的石、砖符碑。

村中公共建筑，现保留有王氏祖先堂和马氏祖先堂各一座，圩子墙西门尚有数米残墙遗迹留存，村南壕沟西段也留有部分遗迹。

多进宅院的旁侧甬道

3. 建筑特色

西河阳古村现存有 105 处（306 幢房屋）清代早期以来至民国时期的传统民居院落，以多进三合院或四合院为主，是胶东地区知名的“黄县房”的典型代表。其中“吉元号”“同德店”等 3 处院落被列为烟台市级文物保护单位。

四合院多由正房、东西厢房、南屋组成，正房沿街常设后院墙，以保隐私，并开有大车门等。大门设在南屋的东末间或次间，正对院内的厢房山墙一般设座山影壁，旁

民居室内陈设

玄武岩砌筑墙体

侧即二门。多进合院，通常在东侧设有公共通道，串联前后院落。

建筑梁架是典型的抬梁式木构造，少数“三支香”梁架形似穿斗；正间为厨房，东西两灶分别通向左右两间卧室的火炕，有时卧室内还连通套间。正房次间靠南窗设炕，除秸秆扎制虚棚吊外，炕上方吊顶多用木制小方格天花，具有早期殿堂式建筑的特征，在胶东民居中别具一格，体现出炕在胶东民居中兼具起居活动空间的独特地位。

二门

石砌墙体是西河阳民居的一大特点，村中建筑和院落墙体多采用当地所产青黑、暗红的玄武岩砌建筑，仅腰线和大门两侧垛墙部分采用青砖砌，建筑正立面腰线以上或山墙尖部分抹灰，甚至院落铺地也多玄武岩碎石拼砌，总体呈现出灰黑色的冷色调、质感强烈。

二门木雕

西河阳民居营建重实用，雕琢

门枕石石雕

砖雕细部组图

墀头砖雕之一

墀头砖雕之二

墀头砖雕之三

门楼木雕

院落内照壁

照壁局部

不多，少数装饰主要集中在大门的门簪、檐檩挂落、门枕石，及大门正对的照壁及二门门楼。山东省非物质文化遗产“黄县民居雕刻技艺”也主要是指上述部件的砖木石雕，村内现仍有木雕匠师传承相关工艺。

4. 保护建议

西河阳村街巷格局特征鲜明、民居院落完整集中、传统文化传承有序，多姓氏和睦共荣，相关遗存显示了胶东民居特别是“黄县房”在建筑技术和艺术上的精粹，体现了老黄县商帮的历史繁盛，以及尊师重教、回报家乡的文化情怀；是明清以来黄县仕商工农兵各领域历史文化的典型代表和集中反映，以及胶东地区重要的乡土文化样本与可持续发展的村庄典范。

西河阳村各类基础设施完善，街巷整洁、民居风貌整体保存较好，现已被评为中国传统村落，原“吉元号”院落已建成“西河阳民俗博物馆”。但传统民居建筑修缮亟须大量资金投入，建议多渠道筹措资金，制订村庄民居修缮计划和导则，通过整体租赁修缮、民宅补助修缮、沿街立面集体整治等不同方式，逐步实现民居修缮全覆盖；通过开辟有机果园、提升博物馆展陈，组织城乡居民采摘游、老黄县民俗风情体验游，以及中小学生研学旅游活动，大力发展乡村旅游，为村落全面保护提供良好的经济基础。

图文：
王建波　山东大学文化遗产研究院

徐家古村鸟瞰

山东招远徐家古村

1. 概况

徐家古村位于山东省招远市北部罗山山脉西部的招远至黄县城明清古官道一侧。明成化年间（1465—1487 年）徐姓由招远前柳行迁此定居，因地处官道上垛石山口之北，得名口后徐家，简称徐家。1966—1975 年间徐家村曾为徐家公社驻地，今属张星镇。

清道光年间（1821—1850 年），村中徐登庸家族开始经营粉丝庄，咸丰、同治年间（1851—1874 年），徐家开办的“龙口”粉丝庄遍及招远、黄县（今龙口）等地，并远至中国香港等商埠，村庄也开始建设南台、东堰等新居住区。抗日战争、解放战争时期，徐家涌现出众多烈士英雄，革命色彩浓厚，部分标语至今尚存。1949 年后作为公社驻地，村北建起了徐家公社办公场所和粮管所、供销社、邮局等相关附属建筑。20 世纪 70 ～ 80 年代，村北后沟和村西沿路南北两端相继扩展建设，也基本保持了传统村落风貌。

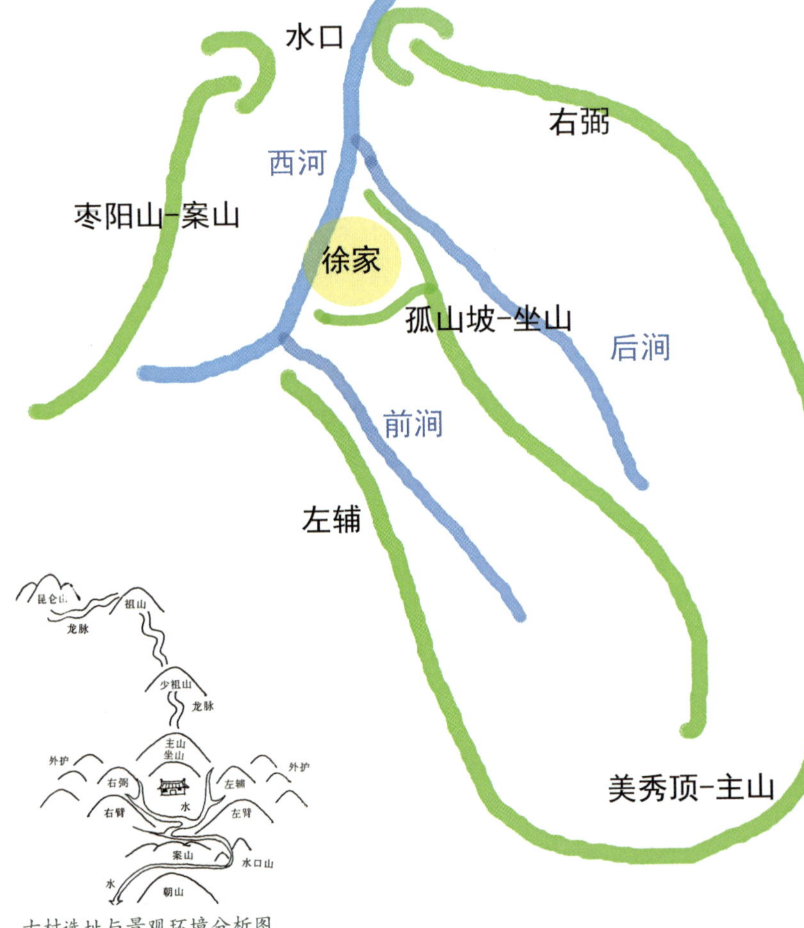

古村选址与景观环境分析图

2. 古村布局

创业渡槽

徐家古村选址具有明显的风水格局和优美的山水景观。村庄坐落于南北两条沟涧之间的低山丘陵“孤山坡”西麓，东南北均有台地环绕，西侧环绕西河，隔河即为凤喙山等枣阳山山峰，外围还有美秀顶的南北两列峰岭环绕，可谓背有主山有坐山，前有案山，左右有辅弼和外护，是山环水绕、藏风聚气的风水宝地。

村庄周围多果园梯田，特别是前涧两侧人民公社时期修筑的石堰梯田，春天杏花遍野、秋天柿红如火，风景优美壮观；1977 年修筑完成的石砌水利干渠和位于村落水口处的创业渡槽，作为人民公社时期的珍贵文化遗产，是徐家村最为壮观突出的环境景观。村落东侧的美秀顶峰高谷深、峰石景观丰富，并有捻军东侵时修筑的圩子墙遗迹一处。

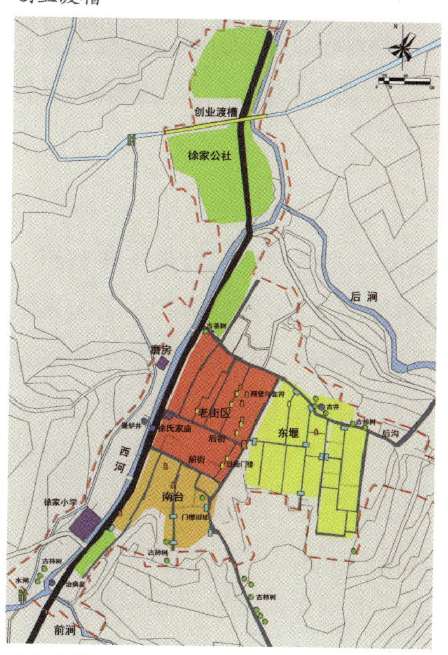

徐家古村历史街巷格局图

徐家古村空间格局具有明显的建设发展演变特征，形成了具有典型时代特征的四片街区。除村北原徐家公社驻地为典型的新中国单

民居照壁

后街民居

位大院式空间外，村内 1 条官道、4 条大街、12 条半胡同串联起来的老街、南台、东堰 3 个传统街区，空间格局规整且均有较强的防御性，大街上的胡同巷口历史上几乎均设有门楼，各院落开门于胡同内，且胡同中也多有过街门楼，胡同走向曲折多变，俗称“拐拐胡同”，拐角处相对的建筑墙体上多设照壁或小龛以防冲。

3 片街区街巷格局又各有特色。老街区域，前街、后街、后沟东西 3 条大街通向村西招黄官道，沿官

村西招黄古官道

道历史上设有家庙和关帝庙、土地庙等祠堂庙宇和小学等公共建筑；南台和东堰因地势原因相对独立，且多是徐登庸家族居住，因而封闭性更强。南台片区，以一条曲折上山小巷为轴，建筑院落分布于两侧，有不少于 4 道的过街门楼把守；东堰片区以 3 条南北向胡同和两条东西向胡同形成的方格网状街巷为主，街巷布局十分规整，街巷东西南北两端历史上均设有封闭的过街门楼，与高大的院落围墙相结合，形似城堡。

东堰规整的街巷

徐家古村落的历史风貌保存十分完整，基本保持了青瓦石墙的传统民居风貌，从村落四周高处鸟瞰整个村落屋顶黛瓦鳞次栉比、院落石墙交错绵延，并随地势逐渐升高，风貌统一和谐。村落四周丘陵树木葱茏，石砌干渠蜿蜒于山腰，远处渡槽双拱如虹，村子外围与山体交接处即石砌地堰，古柿子树众多，民居院落与丘陵田园风光交织辉映。

徐春芝故居

3. 建筑特色

徐家村村委

徐家村内保存有 150 余套清代早期以来至民国时期的传统民居院落，传统风貌建筑面积达 24000 平方米，多三合院或二合院，且有家庙、民国小学、磨坊、新中国时期的村委和公社建筑等公共建筑。大部分建筑具有典型的胶东山区石头建筑特征，少数民居如徐天华故居、徐光嗣故居等砖石建造、雕饰精美。

石砌墙体是徐家民居的一大特点，建筑山墙面很多均是黄红等暖色调的不规则杂山石砌至山墙尖，正房内院正立面则多为较整齐的花岗岩石块砌至腰线，腰线以上为青砖或粉墙，部分建筑腰线以上仍用石块砌至檐口，墙角部分建筑用青城或规则石块包砌；门窗多用过梁木或石作门窗楣，设石制窗台；建筑沿街后墙一般设有凸出的拴马石。

建于 20 世纪 30 年代的徐天华故居，是面阔三开间，带倒座和东西厢房的抬梁式构造的四合院落，腰线以下花岗岩块石石工精致、大门门簪和挂落木雕精美，进门正对东厢照壁砖雕十分细致，暗八仙等各类吉祥图案寓意丰富，招远市内罕有匹敌。

4. 保护建议

总体上，徐家村作为中国传统村落和山东省级历史文化名村，景观环境优美、传统格局和历史风貌保存十分完整，街巷胡同空间丰富、民居院落数量众多、建筑类型多样、时代跨度宽广，称得上是山东地区保存最完整、规模最大的山区古村落之一。作为“龙口粉丝”的品牌创立者和发源地，徐氏家族及徐家村的变迁发展，成为清末和民国期间胶东地区工商业文化和参与近代革命历史的缩影和见证，是山东地区官道商业村落和山区革命村落合二为一的罕见典型。

徐家村破败和空置的民居建筑较多，由于以传统林果业为主的经济形式较为单一，收入较低，村落街道环境卫生虽有所改善，但建筑修缮仍亟须资金投入。建议根据村集体收入现状，首先对沿街建筑立面进行整治，制订村庄建设和修缮导则，适当开展乡村旅游，提高村民的保护意识；其次需恢复徐家村“龙口粉丝”的传统生产作坊，引进新型生态和有机林果业，从而为村落的全面保护提供良好的经济基础。

图文：
王建波　山东大学文化遗产研究院
参与调研人员：
张丕基　冯雨乔　蒋来希　高　军

高家庄子古村鸟瞰

山东招远高家庄子古村

1. 概况

高家庄子古村位于山东省招远市辛庄镇渤海之滨，北距海边约1千米，交通区位优越，206国道（烟潍公路）横贯村南侧。村落现状建设用地约23公顷，其中，古村落部分占地约16公顷，北为海滨平原，南依丘陵饽饽顶，处于丘陵向平原过渡的岭岗阜坡上，地势东南高、西北低。

高家庄子古村为西汉更始元年（23年）高姓徙居之处，以姓氏取名，两年后为防水患建镇龙庵于村西；至清代中叶，高姓在本村徙绝。明宣德年间（1426—1435年），高家庄子徐姓始祖徐进之举为北海守墩吏，后其曾孙辈4人携眷迁居高家庄子村北1千米的墩所在地，称“北泊子”或“北园子”；清顺治年间（1644—1661年）撤墩，加上受地震影响渤海海水倒灌、风沙淹没村庄，顺治末年（1661年）南迁于高家庄子；康熙十九年（1680年）移北泊子三官庙于本庄，重修镇龙庵和关帝庙；乾隆年

徐其清、徐莘芳故居

徐其珣故居大门

间（1736—1795年）村中又迁入王、马、黄等姓；清中后期徐氏兴盛，村庄开始大规模建设，立祠建宅铺路，更两度修建圩子墙，至新中国成立前村中房屋达3760余间。

高家庄子从清中叶以来名人辈出，是清代民国胶东地区习武经商从文历史的缩影和见证。著名的有乾隆武进士御前侍卫徐云峰、同光朝北京著名的三义广绸缎庄老板徐素、国史馆誊录叙州同知徐潜修、清末宫廷御厨五品衔王聿林、清末民国青岛著名商人徐其珣、民国济南著名鲁菜老字号泰丰楼老板徐其清、新中国农村民主理财典型徐其暖、考古学家徐苹芳等。

徐其珣故居二门

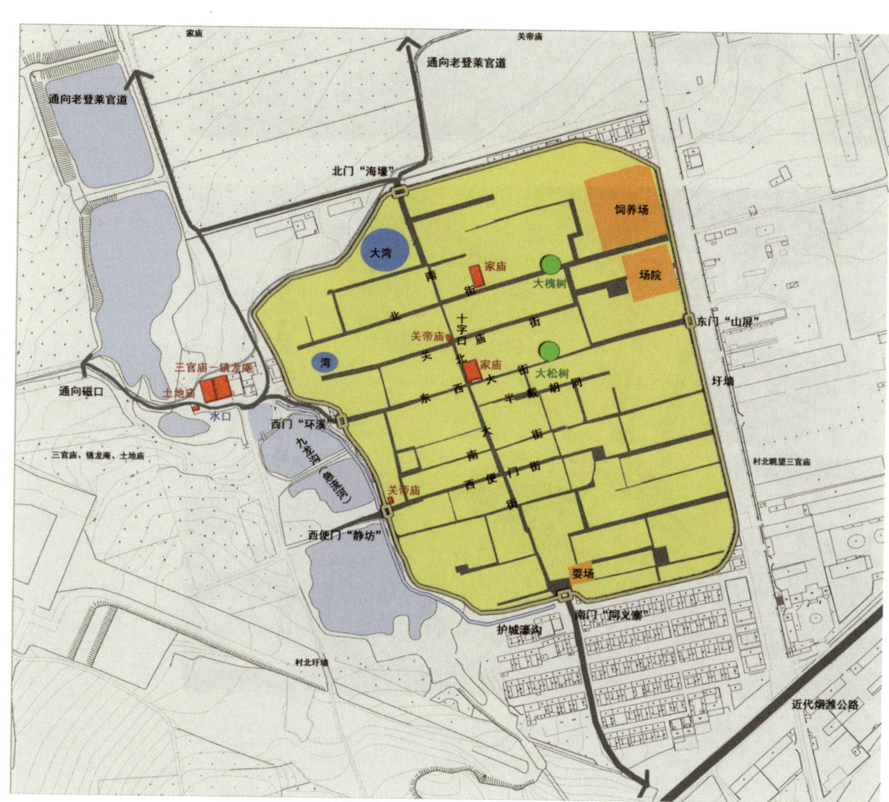

高家庄子古村落街巷格局图

南北大街北段

镇龙庵、三官庙遗址

2. 古村布局

高家庄子古村清中叶以前以始建于明万历年间（1573—1619 年）的关帝庙为中心，形成东西、南北大街的十字大街传统村庄格局。随着清嘉庆十四年（1809 年）徐氏家庙、同治元年（1862 年）圩墙的相继修建，高家庄子古村逐渐形成了以南北大街及其旁侧的关帝庙、徐氏家庙为核心的方形城池、鱼骨状街巷格局，也成为高家庄子“招远小北京”称号的来源。发源于村南饽饽顶的九龙沟，既是古圩墙西侧护城河，也是北方村落中少见的风水水系，水口处建有镇龙庵、三官庙及土地庙等庙宇。

北街中段

高家庄子古村圩墙内东西向大街 5 条、南北小街巷 10 余条，整体组成了“进宝”2 字图案；东西向大街、胡同和南北胡同之间多呈丁字形相交，相应的建筑墙体上镶有各类镌刻防冲避邪字句的砖石符语，丰富了街巷景观。村内还有 4 条内向性的甬道小巷，两端多建有门楼，有较强的防御特征。

九龙沟 20 世纪 60 年代兴建了连环水库，松柏桐柳与镇龙庵、三官庙相掩映，水口景观特征明显，村北海滨道光年间（1821—1850 年）开始种植的防护林郁郁葱葱，与村落田野错落相间，形成田园古村的优美画卷，历史环境景观风貌良好。

村落水口景观特征明显

3. 建筑特色

除了留存至今的约 200 米长夯土筑圩子墙外，高家庄子现存传统公共建筑主要有重修于清康熙十九年（1680 年）的镇龙庵、三官庙遗址及其钟楼、关帝庙，始建于嘉庆十四年（1809 年）的徐氏三支祠堂。三官庙遗址现存有 2 株 400 年古柏，钟楼以石为基，石柱木梁，歇山屋顶举折平缓，出檐飘逸。徐氏宗祠大门楼两侧设八字照墙，院内现有古柏 2 株、古木梨树 1 株，正堂三开间，明柱出厦古朴凝重。

高家庄子古村现存民居院落，除建于 19 世纪 20 年代的徐云峰故居及其附近几组旧宅，大部分建于 19 世纪 70 至 19 世纪 90 年代，多为单进的三合院、四合院，少数或并联、或串联的二进、三进院落规模较大，如三义广老板徐素，孙辈徐献修、徐懋修所建大院占地面积均 1000 平方米左右；院落一般由正房、倒座、厢房组成，正房和倒座三开间或五开间，倒座于巽位尽间或次间设屋宇式大门，大门正对

圩墙

“三义广”徐懋修故居

大门挂落之一

大门挂落之二

门簪雕饰组图

厢房山墙设照壁，另一侧厢房一般与猪圈相毗连，厢房靠近猪圈一间为厕所。

单体建筑一般为密檩三角梁架，屋面为单层仰瓦，檐口挑檐多为青石板，少数砖砌叠涩。建筑正立面腰线以下为白石或青石块砌面，腰线以上为青砖。门窗多用过梁木作门窗楣，少数倒座沿街窗户窗棂为砖砌。大门是装饰重点，门前设上马石，大门门簪和檐檩下挂落的木雕彩绘精美，檐檩多绘木纹，大门两侧挑檐石一般做成鹰嘴石。

高家庄子古村落历史环境要素分布图

4. 保护价值

高家庄子古村落圩墙边界明显，街巷纵横交错、布局严整，关帝庙及徐氏宗祠古柏树突出其中，大街两侧众多清代民国传统民居屋宇黛瓦鳞次栉比、青砖白石墙体平整美观、彩绘木雕门楼高低错落，传统村落街巷风貌十分突出而完整。高家庄子既具有典型的城池型传统宗族村落空间风貌，又具有突出的山水田园景观，称得上是山东地区最具有传统特征、保存最完整的古村落之一。

始建于汉代的高家庄子，是山东地区建村最早的村落之一，徐氏家族及村落的变迁，则是明代海防卫所制度的见证，而徐氏家族的兴盛和村落圩墙、民居、庙宇、祠堂的建设，既是胶东帮商人在以北京为主的外地商埠城市经商历史传统和清末捻军东征大历史的重要见证，也是传统宗族文化、宗教信仰和民俗心理的反映。高家庄子是登莱滨海古官道上海防村落、商业村落和家族村落合三为一的典范。

5. 保护建议

高家庄子古村落格局风貌和民居院落整体保存较好。部分留存的圩墙、壕沟及由九龙沟拓展成的连环水库和东侧圩墙基础上兴建的道路，仍然显示出高家庄子的城池格局；村内历史街巷空间除少数半公共街巷有所打通外，也基本留存了鱼骨状的“进宝”格局。虽然自2000年以来，高家庄子古村落内部一些民居院落进行了更新改造，院落厢房坡屋顶改为平顶，村子东南和东北角空地也渐渐建满新居，但村中现存基本完好的传统民居院落仍多达近200套，约占古村落范围民居总数的60%，总建筑面积近2万平方米。

2013年，高家庄子村4处传统公共建筑和38栋传统民居被列入招远市文物保护单位。建议根据建筑院落的保存现状，逐步进行修缮整治，并重点对村西北水口处的风景名胜镇龙庵、九龙沟、古圩墙等进行恢复整理。

图文：
王建波　山东大学文化遗产研究院
参与调研人员：
李　建　张易婷　张丽萍

喜村鸟瞰

山西晋中喜村

1. 概况

喜村，原名邢村，于20世纪80年代由县政府改名为喜村。位于平遥古城东南7千米处，南依麓台山，西傍惠济河，地形丰富。喜村初建于战国时期，现存仰韶文化遗址，2006年被列入“山西省历史文化名村”，也是著名的“晋商文化名村”。

作为平遥城郊古商贸繁荣的村落，喜村保存有明代以来商贸活动的历史记录。清道光三年（1823年），中国第一家票号——日升昌诞生。作为中国现代银行鼻祖，日升昌主要创始人是龙跃村的雷履泰（大掌柜）和喜村的毛鸿翙（二掌柜）。龙跃村有雷履泰故居宅院，喜村有毛家堡建筑群，平遥城有日升昌票号，因此，喜村、龙跃村及平遥城便成为一个有机整体，均为中国晋商文化的重要组成部分。喜村以毛家大院、晋商古街、明清古商道为代表，为晋商文化研究提供了充分的基础与依据。

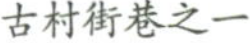
古村街巷之一

古村街巷之二

2. 古村布局

作为明清时期晋中与晋东南地区晋商古商道的重要节点，以及晋商毛氏家族的故地，喜村内明清古商道与晋商古街相连，商贸街区与晋商大院相融，旧堡与新堡相依，古村布局颇具特色。

喜村古建筑群的格局完整，类型丰富，包括民居、商业建筑、宗教建筑等，尤其晋商古街及与其相连的明清古商道保存完好。

喜村历史遗迹众多，如明清时期的多处古庙宇、古驿道、古宅院、古商铺、古当行、古祠堂、古书院、古戏台，以及古井、古堡、古槐、古道等，这些相对完整、真实的历史遗存见证了明清时期晋商活动集中地区的生活方式和文化特色，是晋商文化发祥的活标本，对明清晋商活动的研究有着重要意义。

古宅风貌

毛家堡民居

3. 建筑特色

（1）建筑遗存

喜村现存古建筑群分为宗教建筑群与民居建筑群。宗教建筑有明代延寿寺（七佛庵）与狐神庙、清代关帝庙；古民居建筑群包括以毛家大院为主的毛家堡建筑群、晋商古街老字号建筑群以及新堡建筑群。

毛氏宅院外景

七佛庵位于毛家堡外西侧，明代建筑，现为县级文物保护单位。明万历三十二年（1604 年）重建，正院南殿为三开间砖木结构建筑，东西为钟鼓楼，东西厢为锢窑加

毛家宅院组图

前檐，正殿为五开间砖木结构大殿，殿顶有琉璃饰物尚存。

狐神庙位于古商街中段，现存狐神庙古戏台；关帝庙位于狐神庙东侧，现存清嘉庆二十七年（1822年）重修石碑，有重修彩绘图24幅、隔扇4套，左右壁画已毁。

毛家堡属于清代建筑群，包括毛家宅院、毛家书院、毛家祠堂、毛家花园、后道古槐、道底古槐等。毛家堡共有22个院落，占地面积23400平方米，以毛家大宅院为主，还有梁家院落2处、王家院落2处及另外的毛氏宅院3处。毛家堡保留了完整的历史格局，院落均为高墙大院，以两进、三进院落为主，院内影壁砖雕精致，院内窑洞均有木结构前檐，部分大门两侧有精细巨幅石雕。

晋商古街位于喜村南侧，又称“古商贸街”“古商街”，整体保存了明清风貌，长1060米，与惠济河畔的古商道相连，是明清两代平遥通往上党、潞州地区的必经之路。古商街原有店铺商号50余户，现保存完好的院落有23处，如毛家当铺、纸活铺、皮革院旧址、村公所旧址、车马店旧址、介休侯家茶坊等。

隆泰当行（毛家当铺）位于古商街西端，毛家祠堂东侧，为平遥地区唯一保存较完整的古代乡村当铺行，从其建筑式样、配套设施等可清楚了解当年当铺的业务受理、安全保护、物品管理等建筑功能特色。

喜村北堡保存有堡门及民国时期院落10余处，建筑面积共3500平方米。

（2）装饰细部

① 门窗装饰

喜村以锦式棂格窗与花格窗居多，如龟背锦、步步锦、盘长锦等，其中有以多种花格融合在一起形成的花式更为丰富的槅窗，成为喜村门窗装饰中的一大特色。

② 门头匾额

喜村现存匾额以木质和砖质匾额为主。匾额上字体多为阴刻，有的再饰以金粉或用金粉描边，也有以笔墨直接书写的，各具特色。

③ 檐廊木雕

全村共有龙头、龙翼一类的建筑木雕160套，特别是毛家大院窑洞前的檐廊木雕非常精美，具有很高的艺术价值。

檐廊木雕

④ 柱础

喜村现存石雕与柱础200多件，柱础式样丰富，比较常见的有束腰式、鼓镜式、墩柱式及多角柱础，变化极为丰富。

柱础石雕

4. 保护建议

一方面，当地相关部门对保护传统村落的主观意识不强，对地域文脉传承、文化旅游发展的理解不深刻；另一方面，村内居民尚未认识到喜村遗产是不可再生的宝贵财富，自发保护的积极性不高，这也成为遗产遭受破坏的主要原因。

目前，晋商古街功能大多已变成了农家院，纷纷垒起了院墙，安装了宅门，其风貌已受到极大破坏。村内其他古建筑的现状也不容乐观，部分古建筑有沉降、变形问题，由于保护措施及资金投入的不足，更有部分历史遗存面临坍塌的风险。

建议以“科学规划、分期实施，保护第一、抢救为先，全民参与、永续发展”的原则编制和实施相关规划，坚持以保护为基础，探索保护与发展相协调的发展模式；发动村民参与传统村落保护管理，建立具有适应性的传统村落保护发展机制，将喜村保护纳入科学、规范、法制轨道，最终达到全面保护与可持续发展的目标。

图文：
姚子刚　华东理工大学副教授
郭玫君　华东理工大学硕士研究生
庞　艳　上海同增规划建筑设计事务所有限公司设计总监
张丽珍　山西厚土郁林旅游有限公司

大寨火车厢窑洞全景

山西晋中大寨古村

1. 概况

大寨古村是山西省晋中市昔阳县中部的一个小山村，1964 年，因“农业学大寨”的号召遐迩闻名，成为新中国“自力更生、艰苦奋斗”的社会主义农村建设典型。

不算富裕的山村要用经济的手段解决长远居住的问题，就必须提供强有力的基础设施，大寨村得益于 1964 年的地下排水工程。南北主街下“碹”排洪涵洞，呈封闭式，不影响广场空间的使用。于大寨学校等处设置集水孔，在“集、排”字上动脑筋，保证了大寨长期不再受到洪涝的影响，具有较高的山村营造工程智慧。

水利是农业社会的命脉，大寨虽夏季饱受洪涝干扰，但一年大半时间却严重缺水，需依赖白杨岭水库解决灌溉问题。渡槽又称高架渠，是一组由桥梁、沟渠构成的输水系统，通常架设于河流之上。1974 年 7 月完成的虎头山团结沟渡槽为石构、拱式支撑结构，共 11 跨，渡槽横截面宽 1.6 米，槽上盖板宽

水槽

1米，总长约120米、高27米，用于将白杨岭的水库用水引到虎头山以供灌溉，不仅成为重要的民生工程，而且也是兼具纪念碑意义的时代标志物。

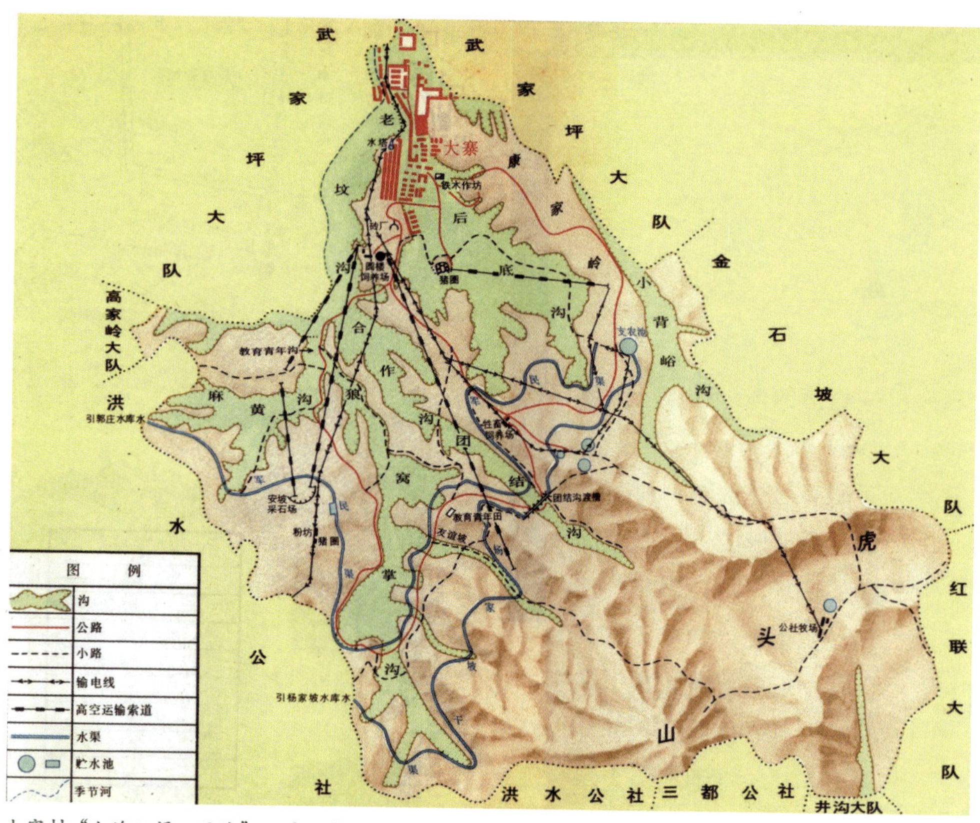

大寨村“七沟八梁一面坡”环境示意图

2. 古村布局

大寨古村环境素有“七沟八梁一面坡”之称，多沟壑、多山石，地势西北高、东南低，形成了由西向东的一块谷底缓坡，它成为百年

小广场

大寨村总体布局图

大寨人民公社（现为民居）

来村落的选址所在。大寨多洪涝，1963 年 8 月一场罕见的大雨冲毁了所有居住建筑，村落重新规划建设，逐渐形成了总面积约 2 平方千米的现址。村口朝北，一条石板主街横贯南北，构成了基本的交通骨架。主街中部放大成一块小广场，存有一棵古柳树，村委会掩映树荫之下，整块空地成为大寨村民聚会休闲的好去处，在旅游开发过程中集聚性也颇高。

虽然南北主街、空地地势较为平坦，但整个大寨村落却是个“碗状”的山地，这决定了依山就势、合理利用土地、善于节地的规划构思。北侧坡地上的大礼堂、招待所、邮局、饭店等公共建筑陆续建于 20 世纪 60 ～ 70 年代。值得一

火车厢式窑洞近景

提的是大礼堂与大寨人民公社办公旧址毗邻，建于 1971 年。二层钢筋混凝土结构，带有柱廊，面积达 1520 平方米，多有中外名人造访，为大寨特殊历史时期的重要见证。

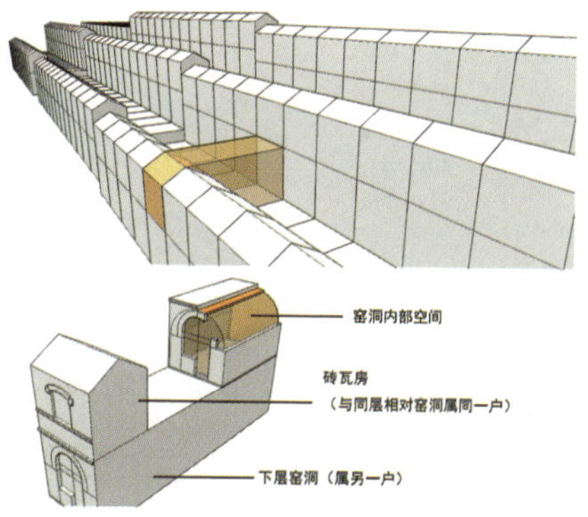

火车厢窑洞示意图

3. 建筑特色

大寨古村的主体居住建筑位于西面山坡，它们背依“七沟八梁”之一的老坟沟，1964 年沟上“碹”起涵洞，涵洞上建房，形成如火车一样的三列石窑洞，极具气势。“火车厢窑”根据山势，瓦房建于窑洞之上，各户占一间作为厨房，该厨房与同层相对的一间窑洞共为一户

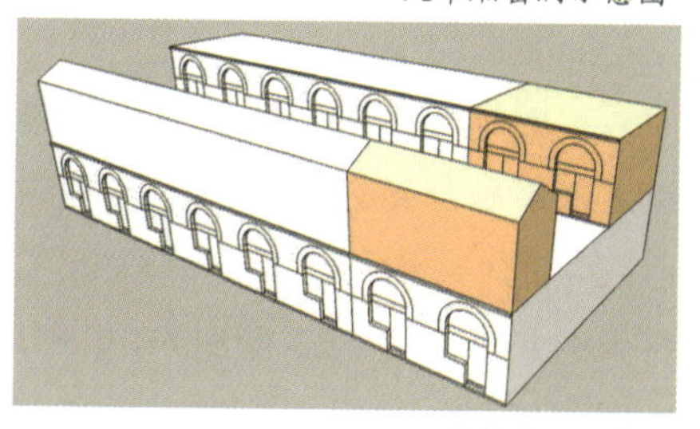
每户窑洞示意图

大寨窑洞典型立面

所有。厨房与窑洞之间是甬道，甬道紧贴着各户窑洞前七八平方米的前院，3 户共用一个地窖，保证了冬天的储藏之需。20 世纪 60 年代，这些“楼房般的窑洞”阳光充足、公共空间开阔，是村民自力更生建设、按需平均分配的，至1992年一口窑洞仅需付10元左右的年租金。

4. 保护建议

大寨古村是难得的20世纪当代乡村遗产，对丰富中国乡土聚落的历史谱系，特别是明晰全面建设社会主义时期的村落变迁具有重要意义。目前，大寨古村的历史价值正重新被世人瞩目，但缺乏整体认知和保护意识。2003年，村口商业街建设，砍去了一片村内的火红柿子树；大寨村民从1998年后纷纷迁居分三期开发的新村，“火车厢窑”多为外来务工者租赁，卫生环境一般，村内采光较差的“南窑”破坏程度更大。建议将文化的修复环环相扣，使民俗活动、历史认同与群众参与整合进古村景观的视野。

图文：
薛　岩　同济大学建筑与城市规划学院研究生
指导教师：
朱晓明　同济大学建筑与城市规划学院副教授

横坡古村鸟瞰

山西晋中横坡古村

1. 概况

横坡古村位于山西省晋中市平遥县内，距世界文化遗产平遥古城约 16 千米，地处半丘陵地区，总面积约 270 公顷。

横坡古村得名来源，可据村里道庄庙碑刻记载得知。横坡古村原名仙坡，后依其地貌改为横坡。建村于何时已无法考证，从净乐庵遗址上现存明正德、万历两块碑刻上推断，最迟在明代正德年间（1506—1521 年）已有村民繁衍居住，距今已 500 多年。

横坡古村处于汾河盆地，属于晋中平原的边缘，太岳山北麓的丘陵山区，沟壑纵横，地形特色明显，属于切割强烈的黄土沟梁区，海拔 800 ～ 1000 米。地表沟深谷陡，沟谷密度大。沟谷宽而浅，全村沟壑、塬面相间，尤以南面最高，海拔高度将近 750 米。

老街

李家的吊桥院落

2. 古村布局

横坡古村整体布局依山就势，建在高低起伏的丘陵沟壑上。街巷布局展现出较强的风貌特色，其空间曲折、敞敛有致。街巷相交，街口视角的景观环境独特。在不同的街道与巷道交叉口，或可南眺黄土山色，或可领略窑洞风情，从而构成横坡古村与自然地貌地景融为一体的风貌特征。横坡古村的民谣“姚家的圪洞，郭家的湾，李家的吊桥，张家的山”，正是描述这村里根据姓氏聚居、依山就势的特殊居住形态。

窑洞巷道

横坡古村堪称“窑洞博物馆”

3. 建筑特色

横坡古村所在区域黄土层深厚，而且土质坚实、干燥，所以从古至今一直将窑洞作为民间居住方式的首选。横坡古村堪称“窑洞博物馆”，受到地形地势和传统聚居形态的影响，村里民房建设沿袭传统习俗，依地势而建各式窑洞类型，包括宅院、石窑、砖窑和土窑洞。

在建造方面，居住条件差的穷人可以用简单的方法，就地取材的物料建成民居住房。家庭富有可以建造成深宅大院。数百年来，横坡古村的古窑洞，从最初掘土成窑的土窑洞，到后来兴起的接券式窑洞，单一砖砌筑的砖窑洞，以致发展到豪华讲究的多种类型的四合院，都

土窑洞遗址

砖窑洞细部

窑洞入口门头

特色四合院入口

窑洞院落

传承弘扬着先人一代一代传承下来的优秀文化。

普通民居大多以锢窑（窑洞）和立窑（窑洞）的形式。锢窑依山体而掏建，外面施以木窗、木门隔断，围三眼或五眼窑洞成院落。立窑在道路一侧选取宅基地。台地民居依地形地势而建，宅院入口处设置石阶，与街巷落差自然衔接。整个宅院建在统一标高处，通过石砌院墙围合，巧妙处理了外立面高差，取得一处开阔、自由的院落空间。

富户大多建“四合院”形式的窑洞宅院，不论是靠崖窑洞院，还是“口”字形一进院，“日”字形二进院、“目”字形三进院，均环周四壁高耸，封闭严密，仅院门是对外的唯一通道，大门坚厚，可上门闩加锁，大门一关，俨然一个小的独立王国。

窑洞入口照壁

窑洞室内空间

横坡窑洞在建院时要有“主”，即“正窑”。正窑在院落中等级最高，院落与厢房层层递进的主要作用是对正窑的烘托。正窑开间必须用奇数，即三、五、七开间，但禁用九间。正窑以中堂（俗称门道）为主。正窑与两侧的窑以内门相通，即一家之主的意思。两边的“角窑”不属于主的组成部分，而是“佐”的地位。其窑洞口面也略矮于中间。

正窑为“君”，窑的高度是全院之最。东西窑为“臣”，高度必须低于正窑，开间也必须少于正窑。外院的东西厢房称之为“奴”，必须低于里院。过厅、倒座一般为接待宾客的地方，应该高于“奴”而低于“臣”，谓之“客不压主”。

大门檐下匾额上都要请名人题字，由工匠专门刻制。常见的有“凝秀”“锡嘏”“树德”“敦厚”“耕

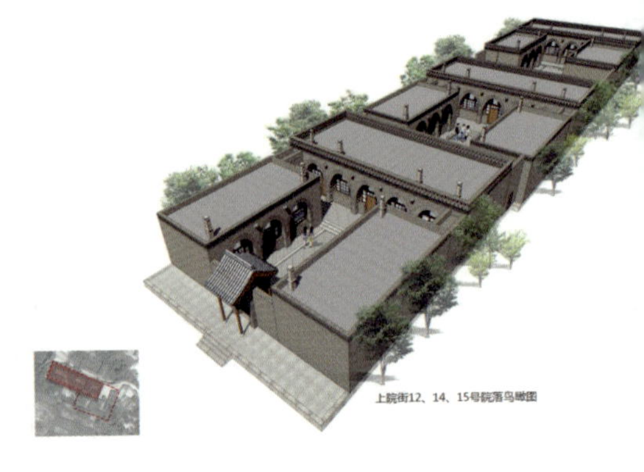

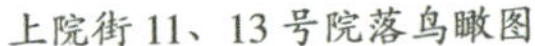

上院街 11、13 号院落鸟瞰图

上院街 12、14、15 号院落鸟瞰图

读”“德厚传家”等，在潜移默化之中传播了儒学思想。

现今横坡古村保存最完整、最珍贵的窑洞式古民居共有 6 处，即财主张正本的院落和上院街的 5 座院落。

张正本院落从大门入院，内分 4 院，外院有东瓦房 4 间，北砖窑 8 孔（其中 3 孔为一小院），西南有一场院（俗叫庄院）为财主夏秋打粮场院，有砖窑 3 孔，并在场院西北处有一道通往张顺贞庄院。进入大门的正中院为财主张正本居住院，该院坐向以西为正，院内有西窑 5 孔（中 3 间为门道里间，左右各角窑 1 间），南窑 3 孔，北窑 3 孔，院门里有木头截扇（按现在语意为照壁）。接下来就是院门，院门门楼与截扇构造为一体，门扇左右各蹲石狮一个，右墙上有供奉土地爷寺槛一个。

上院街 5 座院落据说建于乾隆年间（1736—1795 年），乾隆年间希尧书法家王用之写的门匾可兼做旁证。

上院街 11 号院是典型的清代砖木门楼，坐西向东，建于一小土坡上（以前应是砖石台阶）。街门南是一狭长的小门洞，通向场院及厕所。水口从街门南侧流出。街门石狮已毁，底座刻工精美。门楼北侧院墙上修一土地爷窑，门匾“谦受益”书法优美大气。进了街门有隔扇，正面 3 层土台上建西窑 5 间，无前檐，南北有明堂小窑。南面 3 间窑门道门匾阳刻“天半朱霞”4 字。北面 3 间窑门匾不存。南北各有一层土台。

上院街 12 号院是典型的清代砖木门楼，坐北向南，3 层台阶。上院街 13 号院在 11 号院的北面，坐西向东，是典型的清代砖木构；上院街 14 号院在 12 号院的北面，坐东向西；上院街 15 号院在 14 号院的北面，也是上院街五院最北端。

关帝庙广场

关帝庙钟鼓楼

4. 保护建议

虽然古村落及窑洞民居的基本格局和整体空间形态依然保存，但其中不少建筑已经坍塌，并且自2000年以后又进行逐步改建和翻建，甚至重建了一些民房，其形式、体重、尺度和风格等与原有传统历史风貌很不协调。

近年来政府进行美丽乡村环境整治建设，在村落环境卫生方面有一定改观。横坡古村大力构建“村庄园林化、庭院花园化、道路林荫化、耕地还林化、荒山森林化、果林产业化”的一体化格局。秉承“村企联合，合作共赢”的宗旨，横坡古村和平遥煤化集团农林公司于2011年合作进行横坡生态庄园的总体建设，计划用5～10年的时间，建设成以农业科技观光、科普教育、农耕体验、民俗文化活动为特色的农业休闲观光区，最终打造成集生态性宜居、立体式乡村旅游、特色性商务休闲、规范化配套和谐发展的乡村民俗风情体验区。

目前政企合作较有成效，对于关帝庙、道庄庙及重要窑洞民居，都进行了修缮、提升和再利用。现在横坡古村已获得山西省最美旅游村、省级旅游度假区、国家级自治示范村居、中国传统村落等一系列荣誉称号。但整体基础设施仍待改善，部分新建民居的建筑材质和形式，与古村的历史风貌缺乏协调，亟待通过规划控制引导制定相关的政策制度加以管理，并加强对村民的宣传与教育。

图文：
姚子刚　华东理工大学景观规划系副教授
庞　艳　上海同增规划建筑设计事务所有限公司设计总监
参与调研人员：
徐启祥　华梦帆　邹　阳　冯家族　孙博文

石淙头村全景图

山西晋城石淙头古村

1. 概况

石淙头古村，位于山西省晋城市西南38千米，地处陕、晋、豫三省交界。旧时曾是晋南地区通往河南、陕西太行古道上的重要站点。明清时期，商贾云集，贸易昌盛，设有官家驿站，是一个跨区域的文化、贸易中心。据县志、碑文及建筑推断，古村的历史至少可上溯至元末，明初已初具规模。

石淙头古村是一处以明清时期晋商家族聚居地建筑景观和独特山水风光为特色的历史村落。村内依山就势、错落有致地分布着一座座深宅大院，古朴典雅，系明清时期沁水流域民居风格。村外四神砂山，环绕山村，冠带之水，绕村而流，具有祥瑞人居环境意象；白瀑飞漱，墨潭无波，巨石参差，形成壮美自然风光。清康熙名相陈廷敬，曾赋诗《宿石淙院》："林开孤烟出，飞岸落厜㕒。巨灵擘左股，元气犹淋漓。森严惊鬼物，幽险疑蛟螭。石坎像铁盆，千古垂流澌。"

N
0 50 100m
至周村镇
长
河
鱼山
673.5
至阳城崇上
龙山
703.7
猪山
609.0
644.4
图例
下院建筑群
1. 下 院
2. 东头院
3. 公庭院
4. 后头院
5. 上头院
影壁院建筑群
6. 影壁院
7. 圪联院
8. 街花院
9. 南房院
上下宫建筑群
10. 下宫上院
11. 上宫上院
12. 西头院
13. 上圪堂
14. 里头院
15. 上西
16. 王家
17. 小庙
18. 大庙
19. 大王
20. 看河
凤山
730.9
至山场坡
上龙王山
至李寨乡

石淙头村总平面图

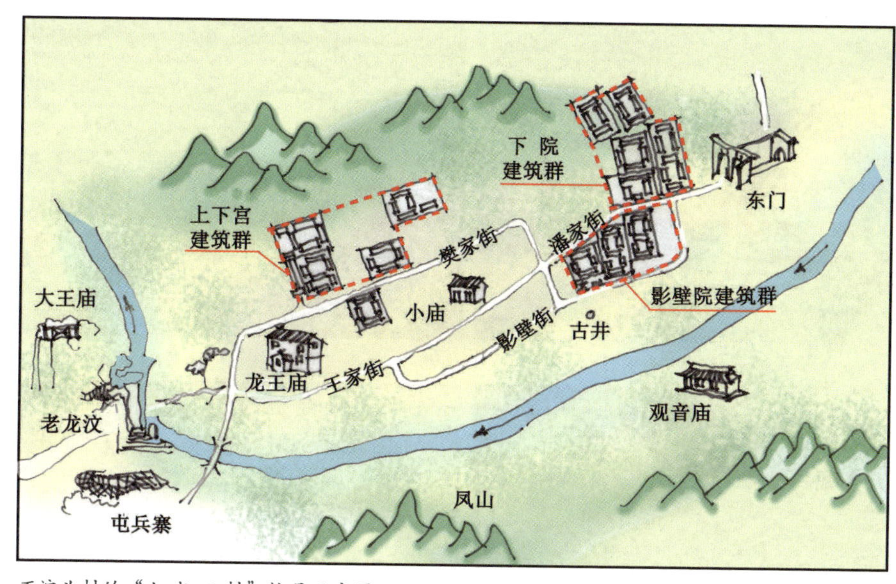

石淙头村的"山·水·田·村"格局示意图

2. 古村布局

在群山夹一河的河谷中，石淙头古村沿着河流依山而建，地势西高东低，整体呈带状分布，坐北朝南，四面环山。环境格局可概括为："一村·一水·四山""山·水·田·村"的山环水绕幽居的聚落空间形态。"一村"指石淙头村；"一水"指由东向西的村前长河；"四山"为村东的鱼山（寓意连年有余）、村西的猪山（寓意诸事顺利）、村北的龙山及村南的凤山（取龙凤呈祥之意）。

民居院落内景

历史村区呈现出"三庙、四街、十六院"的空间格局：古村最具代表性的明清民居院落，现共存完整院落 16 处，因其为村中富商潘祁山所建，故又称"潘家大院"。后潘氏家道中落，形成了潘、樊、王

村落中的民居与街道

石淙头村东门

双进门

过街门楼

小庙

屯兵寨、老龙汶

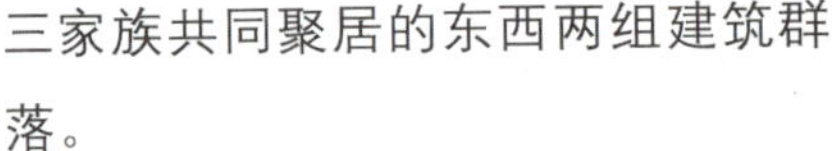

三家族共同聚居的东西两组建筑群落。

古村街巷纵横，以家族命名的街道成为各自聚居区域的主街。受地形影响，主街均为东西横向，纵向交通则以巷道为主。街巷建有造型多样的拱门、街楼，构成丰富多变的街巷空间，且形成一种层层防御的结构体系。

古村分布着 3 处庙宇：神龙圣庙（又称大庙）、“四奶奶”庙（小庙）、“南阁”（观音庙），是古村重要的公共空间和精神信仰。在村外，长河自东向西流淌，至村西南悬崖处直泻而下，形成独特的飞瀑流湍景观。而流水的冲刷使崖下形成一个巨大深潭，传说有一苍龙潜伏于此，故名“老龙汶”。

此外，古村还有以榜书题写的“石道穿云”摩崖石刻、相传为西晋周处平叛时的屯兵寨、潘祁山之墓等其他历史遗迹。

民居院落：上宫上院

民居院落：上头院

3. 建筑特色

现存的明清民居院落，总建筑面积 12700 平方米，占地约 5.5 公顷。

这些院落建筑依山势而建，通过将底层做窑洞、正房或利用连续台阶等方式，完美地解决了高差问题，且形成跌宕起伏的空间层次和威严高耸的建筑外观。

院落均坐北朝南，形制规整。平面布局以四合院为主，兼有三合院及衍生组合形式，为一进或两进院落；空间形态上，则是被称为“四大八小”式的建筑布局，即正房、厢房和倒座均设耳房。借用与融合南方建筑空间形式——天井，院落中央为天井院，四角再设有小天井（有时仅有两个），以加强采光、通风。通过天井的设置，使院落入口空间别具一格。宅院入口一般布置在东南角，天井成为入口的缓冲空间，且透过天井将阳光映射在照壁上，凸出照壁。建筑以石筑基，砖砌墙，土罩面，梁、柱、围栏等

古村明清民居建筑群

木雕组图

铺首

石制构件组图

石刻门额“居处延禧”

砖雕门额“出入相从”

构件多以木制；正房面阔三间，进深四椽，五檩有廊式，双檐悬山顶，明间板门，次间方格窗。

建筑上随处可见各种精美雕饰，有砖、木、石 3 种形式，无论是隔扇门窗，还是楼栏华板；无论是雀替耍头，还是梁枋窗架，无不精雕细琢。丰富的匾额艺术也是特色之一。

4. 保护建议

石淙头村对于研究沁水流域农业文明时期的聚落文化，具有重要价值。2009 年，石淙头村被确定为山西省第三批历史文化名村。2014 年，列入第三批中国传统村落名录。2018 年，入选第七批中国历史文化名村。

受自然、人为等因素影响，古村内部分历史建筑出现荒弃、塌落，搭建、改建，以及村民自发修缮过程中的“保护性破坏”等情形。历史建筑的修缮和维护已成为古村保护工作的当务之急。有鉴于此，建议有关部门对濒危建筑进行抢救性修缮；重点资助和指导村民采用正确的修缮方式；加强建筑环境整治和提高村民保护意识。

图文：
富晓强　东南大学建筑学院博士生
李百浩　东南大学建筑学院教授
参与调研人员：
吕金程　田　园　王丽丽　吴　洵

工农庄古村一隅

山西吕梁工农庄古村

1. 概况

工农庄古村位于山西省吕梁市临县招贤镇镇区北部，距离临县县城 45 千米，南临柳林镇，东距“黄河九曲第一镇”碛口镇 15 千米，是黄土高原腹地深处的一座明清时期的窑洞建筑聚落。村民以在附近冶炼工厂务工为主，村庄拥有耕地 1000 多亩。

工农庄古村所属的招贤镇，在隋唐时期是陕晋有名的陶都。根据《临县志》记载：隋初，这里发现了大量的磁铁矿储藏，朝廷为发掘铁矿，招募天下贤能之士来此发展，招贤遂得其名。唐代时，这里以铁、铝、煤等矿业为主的开发已初具规模。招贤地区盛产瓷泥，周边大部分村庄以生产陶瓷产品为主业，家家户户有瓷窑，产品畅销陕、晋、蒙、绥等地，借助碛口镇的便利水运条件和在黄河流域独一无二的商业影响力，招贤的陶器闻名天下，在清代中叶时期达到鼎盛。工农庄村民居聚落多为周边富裕起来的瓷窑矿主在镇区置地建屋逐渐形成，

窑洞聚落

民居大门和干锅围墙

因就近镇区，城市化设施较为完善，道路交通便利。20 世纪 30 年代后，随着碛口古镇的衰落，陶瓷制品在广大农村地区家庭中退出了历史舞台，这里的村民也逐渐外出务工或就近工作。

2. 古村布局

古村坐北朝南，选址于黄土高原一处“U”形山梁的阳坡，梁底是深谷，有河流穿过，将村庄与招贤镇区分隔开。村落选址背山面水、负阴抱阳。河道深约 20 米，河岸低处已有民居建筑，也有一些商店等公共建筑建于交通便利的河谷。山腰处民居建筑最为集中，这里采光良好，远离交通噪声，地势高爽，视野开阔，因毗邻镇区，外出工作、生活购物都很便利。

招贤镇区有几家大冶炼工厂，冶炼作业中废弃的坩埚成为村民废旧利用的建屋材料，这也造就了工农庄村最大的建筑景观特色。灰黑色的坩埚被排列成各种立体构成画面，或砌筑围墙，或搭建圈舍，或铺就路面，或作为种植盆、储物等。坩埚与黄土、砖石的巧妙搭配，体现了村民节约利用、因地制宜的传统思想，也营造了独一无二的村庄建筑景观。工农庄村的窑院为青砖

巷道

民居建筑

干锅垒墙之一

干锅垒墙之二

干锅垒墙之三

垒砌，从远处看，整体色调含蓄而统一，与层层叠叠的山梁融为一体。村庄虽与镇区一河之隔，但地域特色鲜明的民居聚落比“千镇一面”的新镇区更要引人注目。

招贤古镇镇区由一条东西向的河流分为南北两部分，镇区中心又有水系分支向南流经众多村庄，呈现“T”字形水系格局。镇区正是围绕水系交叉口建成。一条“T”字形公路也与水体相依穿过镇区，成为镇区的主要交通流线。工农庄村位于“T”字形格局的正北方，坐北朝南居高俯视整个镇区，同时，也是镇区抬头可见的一幅错落有致的晋东村落美景。村庄内部道路因山就势，坡度时急时缓，曲径通幽，步移景异。小路多为石块铺就，或为土路，石坡陡巷连接起每家每户，

石坡陡巷

小巷

民居院落

行走其间极具趣味性。众多小路形成四通八达的网络，在山体上可通达各个角落。

工农庄古村所在地区拥有典型的黄土高原地貌，千沟万壑，山梁纵横，地形复杂，层次丰富，到处是裸露的黄土和风化的基岩，登高远望，一派苍茫而辽远的景象。

3. 建筑特色

古村民居建筑因地制宜，坐北朝南的正房依山体做靠崖窑，争取最大的室内空间和院落空间。阳坡山体上宜居空间紧张，故民居院落为单进，多数院落没有空间建厢房和倒座，有的根据空间余地只建一侧厢房，其余空间用围墙、大门围合。靠近南边的院墙都不垒砌，仅做矮小的砖砌花式女儿墙，以保证南向开阔的视野和优良的采光，同时也保护小孩在窑顶玩耍时的安全。正房高度 3 ～ 5 米，进深 7 ～ 9 米，多为 3 孔、5 孔、7 孔、9 孔，青砖箍窑面，不设雨檐，立面顶砌镂空女儿墙。窑脸饱满圆润，木窗

窑脸

宅门

铺首

棂，白色窗户纸，火红窗花，窑门多开在右侧，窗下有1米高槛墙。进门左侧为土炕，炕2米宽，3～4米长，除了就寝，还可作为女主人做针线活、擀面等空间，炕连灶台，灶台周围摆放柜子、桌椅。

黄土窑洞建筑土壁深厚，保温性好，冬暖夏凉。但因黄土本身的特性，室内比较潮湿，木质家具摆放都与土壁保持一些距离，以防腐坏。窑顶大多为活动空间，下层窑顶多为上层窑院，顶上覆土需定期加厚夯实，以防漏雨。因民居南侧无墙，宅门多开在东侧，砖砌宅门，双坡硬山顶，做工讲究，木刻砖雕精美，院落细节彰显出这里曾富庶的历史。围墙、挡土墙多用附近冶炼工厂废弃的灰黑色坩埚砌筑，粗犷而独特，是工农庄村独具特色的建筑景观。

4. 保护建议

工农庄古村是招贤古镇的重要组成部分，清末民初时期的民居建筑遗存丰富，地域特征鲜明。窑洞式民居是生态建筑、原生建筑的研究样本，对于我国黄土高原地区生态人居聚落的研究具有宝贵意义。保护建议：（1）保护窑洞式聚落整体形态与格局；（2）对现有窑洞式民居院落与建筑进行年代认定、等级划分，对于特别有价值的窑院进行保护与修缮，可开辟为地域民居参观场所，展示地方历史与文化，发掘传统文化因循；（3）适当增加旅游设施，满足游客观光、休憩等需求；（4）完善市政设施，高架电缆改为地下敷设，增设垃圾收集点，改善村容村貌；（5）增加绿色植被，改善生态环境。

文：
杨　眉　西安交通大学副教授
图：
张伏虎　西安交通大学教授

图书在版编目（CIP）数据

遗珠拾粹：中国古城古镇古村踏察. 三 / 阮仪三主编. — 上海：东方出版中心，2021.1（2025.9重印）
ISBN 978-7-5473-1685-6

Ⅰ. ①遗… Ⅱ. ①阮… Ⅲ. ①城镇－介绍－中国
Ⅳ. ①K92

中国版本图书馆CIP数据核字（2020）第205167号

遗珠拾粹：中国古城古镇古村踏察（三）

主　　编　阮仪三
策划/责编　戴欣倍
装帧设计　钟　颖

出 版 人　陈义望
出版发行　东方出版中心
地　　址　上海市仙霞路345号
邮政编码　200336
电　　话　021-62417400
印 刷 者　上海丽佳制版印刷有限公司

开　　本　700mm×1000mm　1/16
印　　张　25.5
字　　数　306千字
版　　次　2021年1月第1版
印　　次　2025年9月第3次印刷
定　　价　128.00元